O CORAÇÃO DA BÍBLIA

O CORAÇÃO DA BÍBLIA

JOHN MACARTHUR

Tradução: Thomas Neufeld de Lima

Título original: *The heart of the Bible: explore the power of key Bible passages.*
Copyright ©2005, de John MacArthur.
Edição original por Zondervan. Todos os direitos reservados.
Copyright da tradução ©2024, de Vida Melhor Editora LTDA.
Todos os direitos desta publicação são reservados por Vida Melhor Editora LTDA.

As citações bíblicas sem indicação da versão in loco são da Nova Versão Internacional. As citações bíblicas com indicação da versão in loco foram extraídas da Almeida Corrigida Fiel (ACF) e traduzidas da King James Version (KJV), da New King James Version (NKJV), da New American Standar Bible (NASB) e da New Living Translation (NLT).

Os pontos de vista desta obra são de responsabilidade de seus autores e colaboradores diretos, não refletindo necessariamente a posição da Thomas Nelson Brasil, da HarperCollins Christian Publishing ou de sua equipe editorial.

PUBLISHER: *Samuel Coto*
EDITOR: *André Lodos Tangerino*
PRODUÇÃO EDITORIAL: *Fabiano Silveira Medeiros*
PREPARAÇÃO: *Victória Arrais*
REVISÃO: *Talyta Guimarães e Décio Leme*
DIAGRAMAÇÃO: *Tiago Elias*
ADAPTAÇÃO DA CAPA: *Maria Cecília Lobo*

Dados Internacionais de Catalogação na Publicação (CIP)
(BENITEZ Catalogação Ass. Editorial, MS, Brasil)

M112c   MacArthur, John,
1.ed.   O coração da Bíblia / John MacArthur ; tradução Thomas Neufeld de Lima. –
                 1.ed. – Rio de Janeiro : Thomas Nelson Brasil, 2024.
                 144 p.; il.; 13,5 x 20,8 cm.

                 Título original: The heart of the Bible.
                 ISBN : 978-65-5689-717-2

                 1. Bíblia – Meditação. 2. Cristianismo. 3. Escrituras cristãs. 4. Literatura
                 devocional. 5. Palavra de Deus. 6. Reflexões teológicas. I. Título.
02-2024/97   CDD 220.1

Índice para catálogo sistemático
1. Bíblia : Meditação : Cristianismo 220.1
Aline Graziele Benitez - Bibliotecária - CRB-1/3129

Thomas Nelson Brasil é uma marca licenciada à Vida Melhor Editora LTDA.
Todos os direitos reservados à Vida Melhor Editora LTDA.
Rua da Quitanda, 86, sala 601A, Centro
Rio de Janeiro, RJ, CEP 20091-005
Tel.: (21) 3175-1030
www.thomasnelson.com.br

SUMÁRIO

Prefácio
9

1 — A BÍBLIA EM SEU CORAÇÃO — 11

Meditando na Palavra de Deus — *Js 1:8* | **12**
Deleitando-se na Lei — *Sl 1:1,2* | **14**
A diversidade e a perfeição das Escrituras — *Sl 19:7-9* | **16**
Desejando o leite puro — *1Pe 2:1,2* | **19**
O propósito das Escrituras — *2Tm 3:16,17* | **21**
A Palavra que corta — *Hb 4:12* | **23**

2 — CONHECENDO E CONFIANDO EM NOSSO GRANDE DEUS — 25

Ansiar por Deus — *Sl 63:1-3* | **26**
Gloriar-se em conhecer a Deus — *Jr 9:23,24* | **27**
Confiando no Senhor — *Pv 3:5,6* | **31**
O Deus que nos guarda — *Jd 24,25* | **33**

3 — ENTENDENDO O REINO DE DEUS — 35

Deus faz com que todas as coisas cooperem para o bem — *Rm 8:28* | **36**
Deus limita nossas tentações — *1Co 10:13* | **38**
As provações nos fazem crescer — *Tg 1:2-4* | **41**
Morremos com Cristo, mas vivemos pela fé — *Gl 2:20* | **43**
Cristo venceu o mundo — *Jo 16:33* | **45**

4
O QUE ACONTECEU NA CRUZ
47

Ferido por Deus — *Is 53:4-6* | **48**

Morrendo pelos ímpios — *Rm 5:6-8* | **50**

Tornando-se pecado por nós — *2Co 5:21* | **52**

Retirando as acusações contra nós — *Cl 2:13,14* | **55**

Redimindo-nos com seu sangue — *1Pe 1:18,19* | **56**

5
ACEITANDO A SALVAÇÃO DE DEUS
59

Como escapar ao perecimento — *Jo 3:16,17* | **60**

Como ser salvo — *Rm 10:9,10* | **62**

Salvos pela graça — *Ef 2:8,9* | **65**

Boas-novas aos sobrecarregados — *Mt 11:28-30* | **66**

Um hino de salvação — *1Tm 3:16* | **68**

Três fases da salvação — *Fp 1:6* | **70**

6
MAIS DO QUE MERECEMOS
73

Compaixão sem fim — *Lm 3:22,23* | **74**

Falando consigo mesmo — *Sl 103:1-4* | **76**

A sombra da morte — *Sl 23* | **78**

Nada pode nos separar — *Rm 8:38,39* | **80**

Sua graça nos basta — *2Co 12:9,10* | **83**

Satisfação — *1Jo 4:9,10* | **85**

7
UMA VIDA DIGNA DE NOSSO CHAMADO
87

Quem pode entrar na presença de Deus? — *Sl 24:3-5* | **88**

Vivendo em corpos mortais — *Rm 6:12,13* | **90**

O fruto do Espírito — *Gl 5:22,23* | **92**

Seja isto que ocupe o pensamento de vocês — *Fp 4:8* | **94**

Seu corpo é um templo — *1Co 6:19,20* | **96**

Inculpáveis no dia de Cristo — *Fp 2:15,16* | **98**

A esperança de sua manifestação — *Tt 2:12,13* | **100**

8 — O QUE SIGNIFICA SEGUIR A JESUS — 103

- Negando a si mesmo — *Lc 9:23,24* | **104**
- Não amando o mundo — *1Jo 2:15,17* | **107**
- Sendo transformados — *Rm 12:1,2* | **109**
- Amando uns aos outros — *Jo 13:34,35* | **111**
- Manejando bem a Palavra — *2Tm 2:15* | **114**

9 — TRAZENDO LUZ AO MUNDO — 117

- A razão de a igreja estar aqui — *Mt 28:19,20* | **118**
- "Minha pequena luz, quero fazer brilhar" — *Mt 5:16* | **121**
- O louvor como forma de evangelismo — *Sl 40:1-3* | **123**

10 — NOSSO DESTINO ETERNO — 125

- Nossa esperança e nossa herança — *1Pe 1:3,4* | **126**
- Seremos como ele — *1Jo 3:2,3* | **128**
- Transformados à sua imagem — *2Co 3:18* | **130**
- Um lugar preparado para nós — *Jo 14:2,3* | **132**
- Seu trabalho não é em vão — *1Co 15:58* | **134**

Índice de passagens bíblicas
137

Índice de assuntos
139

PREFÁCIO

ESTE LIVRO NASCEU DE UMA LISTA de 52 passagens centrais que escolhi para estimular os cristãos a guardar na memória — uma por semana ao longo do ano. Não foi tarefa fácil reduzir minha lista de passagens favoritas a 52. Toda a Escritura é dada por inspiração de Deus. Toda a Escritura é útil (2Timóteo 3:16). Mas esses versículos são particularmente úteis para toda pessoa que deseja apreender a verdade com firmeza.

Quem já conhece meu ensino perceberá que escolhi versículos que refletem os principais temas que tenho enfatizado em meu ministério de ensino. Os temas abrangem os grandes temas das Escrituras. Eles são o coração ou cerne da Bíblia.

Eu poderia ter escrito um livro muito diferente. Você poderia argumentar que o coração da Bíblia é uma *história*. Há de fato uma narrativa que vai de Gênesis a Apocalipse, e seu principal personagem é Deus. A Bíblia conta como Deus fez o mundo e os seres humanos (Adão e Eva), como eles caíram e foram julgados e receberam graça, e como seus descendentes caíram e foram julgados e receberam graça de novo. Conta como Deus redimiu e criou para si mesmo um povo (Israel) com o propósito de que esse povo fosse santo e uma luz para o mundo, e como ele caiu e foi julgado e recebeu graça. Ela conta como Deus se fez carne entre essas pessoas na pessoa de seu Filho e se entregou para nossa salvação — como ele morreu na cruz por nossos pecados e ressuscitou dentre os mortos para que pudéssemos compartilhar sua vida. Conta como Deus trouxe a igreja à existência e chamou as pessoas a um novo tipo de vida, e como o reinado de Deus um dia será completo.

Este livro pressupõe familiaridade com essa história. O que este livro tenta fazer é extrair as grandes verdades reveladas nessa história e uni-las aos grandes princípios para a vida que as Escrituras revelam. Parece-me que para um novo cristão — ou um cristão que deseja se basear na verdade de Deus — nada poderia ser mais útil do que se concentrar na natureza da Bíblia, na natureza de Deus, na natureza da salvação e na natureza do discipulado.

Espero que ao ler essas 52 seções você medite com cuidado nas passagens bíblicas e não em meus comentários. É a Palavra de Deus que é perfeita, segura, correta e pura. As palavras dele são capazes de vivificar, não as minhas. Ao meditar nelas, você encontrará deleite e nutrição, e também disciplina. As promessas de Deus são fonte de conforto, mas são também espada que penetra nosso coração.

É minha prece que você abrigue a Palavra de Deus no coração, que não peque contra ele — e que possa amá-lo com tudo o que você é e ser transformado na pessoa que ele o chamou a ser. Como sempre, sou grato aos meus editores na Thomas Nelson pela ajuda que me prestaram. Eles entenderam que meus comentários nestas páginas poderiam ser úteis a você em seu crescimento cristão. Espero que estejam corretos em relação aos meus comentários. Sei que estão corretos em relação à utilidade do cerne da Bíblia.

JOHN MACARTHUR

1

A BÍBLIA EM SEU CORAÇÃO

A BÍBLIA NÃO É APENAS UM LIVRO que você lê para obter informações. Você a lê para obter transformação. As palavras das Escrituras são a própria Palavra de Deus, e elas mudam seu coração à medida que você medita nelas. É isso que a Bíblia afirma a respeito de si mesma: ela é um perfeito tesouro que nos muda, nos ilumina, nos julga, nos equipa e nos faz crescer.

Ao ler os versículos favoritos que incluí neste livro, não passe por eles rapidamente. Saboreie-os. Repita-os para si mesmo. Pondere o significado deles para sua vida e permita que penetrem seu coração. É isso que as próprias Escrituras dizem que devemos fazer.

MEDITANDO NA PALAVRA DE DEUS

Não deixe de falar as palavras deste Livro da Lei e de meditar nelas de dia e de noite, para que você cumpra fielmente tudo o que nele está escrito. Só então os seus caminhos prosperarão e você será bem-sucedido.

JOSUÉ 1:8

Qual é o lugar da Palavra de Deus? Em sua boca e em seu coração, leitor. Em Josué 1:8, "Livro da Lei" refere-se aos cinco livros de Moisés: de Gênesis a Deuteronômio. Mas o mesmo mandamento pode ser expandido para se referir a todos os livros das Escrituras, a toda a Palavra de Deus. O mandamento é que a Palavra não se aparte de sua boca. Em outras palavras, ela deveria ser parte de seu vocabulário o tempo todo. Você deveria falar sobre as Escrituras e sobre as coisas de que as Escrituras tratam o tempo todo.

Como isso é possível? Isso será possível quando você meditar nelas dia e noite. É um princípio simples. Se você saturar a mente com a Palavra de Deus, ela surgirá em sua fala. Se saturar a mente com outras coisas, elas também surgirão em sua fala. O Livro de Provérbios nos diz que, como o homem imagina na alma, assim ele é (Provérbios 23:7). Jesus disse: "[A] boca fala do que está cheio o coração" (Mateus 12:34). Se seu coração está cheio da Palavra de Deus, é ela que sairá de sua boca. Antes que isso possa acontecer, você precisa encher o coração com a Palavra. É por isso que meditar nela é tão importante.

Quando você medita — quando lê um versículo de novo e de novo e contempla seu significado —, o objeto de sua meditação começa a preencher seu coração. Acredito ser por isso que Deus nos deu um livro e não um clipe de música. Um clipe de música passa voando, pulando de ângulo em ângulo, bombardeando você com imagens, e subitamente acaba. Mesmo o melhor filme simplesmente o atravessa como uma onda e então recua. É uma experiência efêmera. Mas as palavras em uma página estão congeladas. São permanentes. Você pode voltar à mesma página, ao mesmo versículo, de novo e de novo, e continuar a meditar sobre ele. Pode compará-lo e contrastá-lo com outros versículos. Você pode sintetizar o que vários versículos dizem e interpretá-los com cuidado. Isso é meditação — não apenas um encontro momentâneo com a verdade, mas a imersão nela. Pôr sua Palavra em um livro foi para Deus a melhor forma de pôr em nossas mãos uma ferramenta que nos ensinasse a meditar.

Se você meditar na Bíblia dia e noite, ela começará a sair de sua boca. Sua fala será "agradável" e "temperada com sal", como diz Paulo (Colossenses 4:6). Será o tipo de fala que constrói, edificando os outros em vez de derrubá--los (1Coríntios 14.26; 1Tessalonicenses 5.11).

O propósito de meditar nos mandamentos de Deus é "para que você tenha o cuidado de fazer segundo tudo o que nele está escrito". O propósito não é apenas conhecimento, mas obediência. A promessa aqui é que a meditação no fim produzirá uma mudança de comportamento porque nosso coração será saturado da Palavra de Deus.

Davi declara em Salmos 19:14: "Que as palavras da minha boca e a meditação do meu coração sejam agradáveis a ti, SENHOR, minha Rocha e meu Resgatador!". Ele está pedindo: "Ó Senhor, por favor governe e guarde a meditação de meu coração". Por quê? Porque é isso que há de transparecer em meu comportamento.

À medida que a Bíblia o molda como cristão, ela traz bênção. Ela promete que se você meditar sobre a Palavra, enunciar a Palavra e viver a Palavra, seu caminho será próspero e você terá bom êxito. Eis o verdadeiro "evangelho da prosperidade" — não a falsa mensagem de que Deus deseja que todo mundo fique rico rápido. Deus não promete torná-lo próspero só porque você deseja coisas. Deus promete abençoar sua vida espiritual e suas empreitadas espirituais com êxito por meio da compreensão profunda e aplicação das Escrituras.

DELEITANDO-SE NA LEI

Como é feliz aquele
    que não segue o conselho dos ímpios,
não imita a conduta dos pecadores,
    nem se assenta na roda dos zombadores!
Ao contrário, sua satisfação
    está na lei do SENHOR,
e nessa lei medita dia e noite.

SALMOS 1:1,2

Como você pode ser abençoado? Como encontrar contentamento profundo e bem-estar espiritual sob a superfície das circunstâncias da vida? Esses versículos são uma promessa de bênção. Eles nos dizem o que evitar e no que se concentrar.

Se você quer ser abençoado, diz o salmista, não caminhe segundo o conselho dos ímpios. O que isso quer dizer? Não ouça o que as pessoas ímpias têm a dizer. Não siga os conselhos delas. Não seja influenciado por sua versão das coisas, por sua abordagem a uma situação ou solução a um problema.

Um processo de três estágios é retratado aqui: caminhar, deter-se, assentar-se Ele começa com a imagem de caminhar ao lado de pessoas ímpias, conversando casualmente com elas. Nem sequer comece a fazer isso, diz o salmista. Não se exponha às mentiras de pessoas que avaliam o mundo sem consultar a Palavra de Deus.

A imagem seguinte é de estar em pé na companhia dos pecadores. Se você se percebe caminhando com eles, não se permita parar e conversar com eles. Não deixe a conversa se aprofundar.

A imagem final é de se assentar com os escarnecedores — sentar no mesmo banco que eles e, assim, tornar-se um deles. Não seja tão íntimo das pessoas que zombam de Deus. Não seja um aluno na sala de aula deles enquanto eles debocham da verdade divina. Muitos jovens têm de se assentar em salas de aula onde um professor desdenhoso tenta destruir a fé deles.

Se quer ser abençoado, fique longe de tudo isso. Em vez disso, encontre seu prazer na lei do Senhor. Para a maioria de nós hoje, a ideia de ter prazer na lei é conceito estranho.

Podemos temer a lei ou respeitá-la, mas encontrar prazer nela não é algo que nos passe pela cabeça. Mas o salmista está pensando em toda a Torá como um gracioso presente de Deus para nos orientar a viver em um relacionamento de aliança com ele. A revelação divina da forma correta de viver e de adorá-lo e conhecê-lo é algo em que devemos nos comprazer. O salmo 119 usa a palavra "prazer" oito vezes para descrever nossa atitude diante da Palavra de Deus. Ela é uma fonte de júbilo e satisfação. Em vez de encontrar seu prazer na última forma elegante de zombar daquilo que é bom, encontre-o em conhecer e fazer a vontade de Deus. Medite dia e noite nas passagens das Escrituras que revelam a vontade dele para sua vida. Assim, quando andar, você andará com quem teme a Deus; quando estiver em pé, estará na companhia dos justos; e ao se assentar, se assentará no lugar dos santos. Eis o caminho que conduz à bênção.

A DIVERSIDADE E A PERFEIÇÃO DAS ESCRITURAS

A lei do SENHOR é perfeita, e revigora a alma.

Os testemunhos do SENHOR
são dignos de confiança,
e tornam sábios os inexperientes.

Os preceitos do SENHOR são justos,
e dão alegria ao coração.

Os mandamentos do SENHOR são límpidos,
e trazem luz aos olhos.

O temor do SENHOR é puro,
e dura para sempre.
As ordenanças do SENHOR são verdadeiras,
são todas elas justas.

SALMOS 19:7-9

A Bíblia tem mais de uma função em nossa vida. O salmista dá às Escrituras seis diferentes títulos, refletindo seis diferentes facetas de uma joia. Como "a lei do SENHOR", elas são o padrão de Deus para a conduta humana. Como "o testemunho do SENHOR", elas são a autorrevelação de Deus; Deus dando testemunho de quem ele é. Como "os preceitos do SENHOR", elas são as doutrinas e os preceitos que o Senhor deseja que conheçamos. Como "o mandamento do SENHOR", elas são o mandato coercivo e oficial que Deus nos dá. Como "o temor do SENHOR", elas são um manual de adoração, ensinando-nos a temer e adorar a Deus da forma adequada. Como "os juízos do SENHOR", as Escrituras nos fornecem os veredictos do juiz divino, o próprio Deus. A Bíblia é tudo isso.

O salmo também nos fala da natureza da Bíblia. Ela é perfeita. A palavra hebraica aqui significa completo, abrangente, cobrindo tudo. Ela também é fiel — algo confiável, algo em que você pode se apoiar com confiança. Ela também é reta, conduzindo você pelo caminho certo em vez de desviá-lo. Ela é pura. A palavra na verdade significa claro, translúcido, permitindo que a luz passe. Ela é limpa, sem mancha, sem marca ou defeito. Finalmente, ela é verdadeira, absolutamente verdadeira. Que testemunho sobre a Bíblia: ela é perfeita, fiel, reta, pura, limpa e verdadeira. Então o salmista nos diz o que a Bíblia faz. Ela converte a alma, transformando a pessoa interior de forma completa. São palavras que mudam nossa vida. Ela dá sabedoria aos simples. A palavra hebraica para "simples" refere-se a uma porta aberta, porque as pessoas simples eram vistas como pessoas cujas portas mentais estavam abertas. Elas deixam tudo entrar — sem discernimento —, mas nada ficava lá dentro. Às vezes, quando alguém se gaba de ter uma mente aberta, tenho vontade de dizer: "Feche-a, por favor. Você está deixando tudo entrar e sair. Você precisa discernir melhor." A Bíblia toma os simples, que não sabem a diferença entre o que devem valorizar e o que é lixo, e os faz sábios.

A Bíblia não traz só sabedoria; ela também traz alegria. Os princípios do Senhor para a vida são a verdadeira fonte de alegria para o coração humano. Ela traz luz a nossos olhos, capacitando-nos a ver o que não conseguíamos ver, tornando as coisas obscuras compreensíveis. Ela dura para sempre. Podemos confiar que ela não precisa ser atualizada para cada cultura. Sua relevância é permanente. "A relva murcha, e as flores caem, mas a palavra de nosso Deus permanece para sempre" (Isaías 40:8). A Palavra de Deus é inteiramente justa, gerando em nós uma justiça completa que jamais conseguiríamos alcançar por conta própria. Que livro incrível. Que razão para louvar a nosso Deus.

DESEJANDO O LEITE PURO

Livrem-se, pois, de toda maldade e de todo engano, hipocrisia, inveja e toda espécie de maledicência. Como crianças recém-nascidas, desejem de coração o leite espiritual puro, para que por meio dele cresçam para a salvação.

1PEDRO 2:1,2

Como crescemos espiritualmente? O apóstolo Paulo diz que devemos crescer até alcançar a maturidade, a plena estatura do próprio Cristo (Efésios 4:13). Como isso acontece? Isso acontece, diz Pedro, quando desejamos o leite puro da Palavra de Deus assim como um bebê recém--nascido deseja o leite da mãe.

Sempre tivemos bebês na casa dos MacArthurs; temos quatro filhos e treze netos. Quando se trata de bebês, uma coisa é fato: os bebês querem leite. Uma vez segurei nos braços um de meus netos, recém-nascido, e ele estava muito sequioso de leite. Infelizmente ele queria mamar, mas a mãe não estava ali. Eu era completamente inútil para ele naquele momento. Por mais que berrasse para mim, não havia nada que eu pudesse fazer por ele.

Sabe, os bebês basicamente querem leite e mais nada. Eles não ligam para a cor da própria roupa. Eles não ligam para a cor do berço. Quando estão com fome, eles não ligam para brinquedos ou cantigas ou qualquer outra coisa. Me dá logo esse leite! O foco deles é absolutamente único.

É a singularidade e simplicidade desse desejo que é tão marcante. Quando o bebê cresce e vira uma criança, a vida fica mais complicada. A pequena criança começa a desejar mais do que leite, mais do que comida. Quando você fica mais velho, a vida fica ainda mais complexa e seus desejos ficam mais diversos.

Pedro está dizendo que se você quer crescer espiritualmente, você precisa retornar àquele apetite simples do recém-nascido e desejar uma coisa apenas: o puro leite da Palavra de Deus. Deixe para lá tudo o mais. Deixe para lá a malícia (o mal). Deixe para lá tudo o que é enganoso. Deixe para lá toda hipocrisia, toda inveja e toda maledicência. Você precisa se despir dessas coisas e concentrar-se em uma só coisa, alimentando-se da Bíblia, desejando isso com a obsessão que o bebê tem pelo leite.

Não é só o mal que precisamos deixar para lá. Precisamos deixar para lá todas as coisas boas que poderíamos estar fazendo mas que não são a melhor opção. Precisamos deixar para lá todas as outras coisas de que possamos estar famintos mas que na verdade não nos ajudarão a crescer. Precisamos cultivar um apetite pelas Escrituras. Espero que meus versículos favoritos apresentados neste livro o ajudem a começar a experimentar o quão maravilhosa é a Palavra de Deus e a criar ainda mais fome por ela. Toda vez que tiver oportunidade de beber esse leite puro, você deveria ser como um bebê chorando, desesperado pelo leite, e bebê-lo até se saciar. É assim que você crescerá.

O PROPÓSITO DAS ESCRITURAS

Toda a Escritura é inspirada por Deus e útil para o ensino, para a repreensão, para a correção e para a instrução na justiça, para que o homem de Deus seja apto e plenamente preparado para toda boa obra.

2TIMÓTEO 3:16,17

Esses versículos, lidos juntos como uma só frase, contam-nos não só como as Escrituras foram dadas — por inspiração divina —, mas também por que as Escrituras foram dadas. Por que propósito Deus nos deu a Bíblia? Podemos entender a resposta começando pelo fim da frase e retrocedendo. O objetivo é que façamos boas obras. Não são boas obras que fazemos para ser salvos. Não são obras que meramente pareçam boas aos nossos olhos. São obras que são realmente boas de acordo com os padrões de Deus e que trazem honra a ele. Jesus disse: "Assim brilhe a luz de vocês diante dos homens, para que vejam as suas boas obras e glorifiquem ao Pai de vocês, que está nos céus." (Mateus 5:16). Equipar-nos a fim de que façamos as coisas que trazem glória a Deus é o propósito das Escrituras.

Para sermos equipados a fazê-lo, precisamos ser "perfeitos". A palavra aqui significa maduro, crescido e capaz. Como alcançamos esse tipo de maturidade? Ela exige um processo pelo qual somos equipados e tornados maduros, e inclui quatro coisas: doutrina, repreensão, correção e instrução na justiça.

Tudo começa com a doutrina. O que significa doutrina? Ensino! Precisamos ser ensinados sobre o conteúdo da Bíblia, mas precisa ser aquele tipo de ensino que atua em nós. Como ele atua em nós? Primeiro, ele nos repreende. Precisamos de um ensino que confronte nosso pecado e nossa forma errônea de pensar. Ele nos mostra onde jazem os erros. Então precisamos de ensino que corrija os erros. A repreensão mostra onde nosso pensamento está torto, e a correção o endireita. Precisamos de um ensino que faça ambas as coisas — primeiro desmantelando e expondo o que está errado, e depois nos restaurando, nos trazendo de volta ao que é correto. Finalmente, precisamos de um ensino que nos instrua a caminhar no caminho da retidão.

Onde encontraremos a verdade que elimina o erro, traz a convicção correta e nos coloca no caminho certo? A passagem aqui diz "Toda a Escritura". Toda a Escritura é proveitosa para essas coisas. A Bíblia é proveitosa — útil para nós — porque traz o ensino sadio que demole o que é errado e edifica o que é correto. Ela nos põe no caminho do viver para que possamos nos tornar maduros e equipados a realizar obras que honram a Deus. Toda a Escritura faz isso.

Ela o faz porque foi dada por inspiração de Deus. A palavra grega aqui é "soprada por Deus". A Escritura sai da boca de Deus, e quando você lê a Bíblia está lendo a própria Palavra de Deus. Homens a escreveram, mas foi Deus quem a soprou. É essa poderosa e viva Palavra de Deus que nos traz a verdade e nos equipa para toda boa obra.

A PALAVRA QUE CORTA

Pois a palavra de Deus é viva e eficaz, e mais afiada que qualquer espada de dois gumes; ela penetra ao ponto de dividir alma e espírito, juntas e medulas, e julga os pensamentos e intenções do coração.

HEBREUS 4:12

Você vê a Bíblia como um mero livro agradável? Muita gente a vê como um mero livro de histórias religiosas. Os cristãos, não raro, veem a Bíblia como livro que traz conforto, que encoraja, que nos deixa para cima. Mas a própria Bíblia afirma ser uma espada — viva, poderosa e afiada. Ela corta como o bisturi de um cirurgião, até o fundo de sua alma e espírito, penetrando até suas juntas e medulas ósseas. É uma imagem vívida. Soa a algo que machuca. A Bíblia não é só uma loção que passamos para nos confortar; ela é uma lâmina que nos penetra a fundo. Ela conhece nossos pensamentos e intenções melhor do que nós próprios os conhecemos.

Não há nada que corte e penetre tão fundo como a verdade de Deus. Toda psicologia e filosofia do mundo não podem invadi-lo até ao fundo de sua alma como a Palavra de Deus. Nenhum psicólogo ou filósofo jamais poderia conhecê-lo como Deus o conhece. Jesus disse (João 2:25) não precisar que lhe dissessem o que há no coração do homem, porque ele já sabia o que há ali. Seu coração, leitor, está completamente exposto para Deus. Ele enxerga todo o seu interior. A visão dele penetra até o fundo de sua alma.

Ninguém conhece você como Deus. Nenhum livro alcança a essência do seu coração como a Bíblia, tanto no sentido negativo como no positivo. Quando estamos para baixo, a Bíblia sabe nos levantar, confortar, edificar. Mas, quando estamos para cima — elevados pelo orgulho ou pela sabedoria humana —, a Bíblia sabe nos colocar no nosso lugar ao expor nosso pecado, desnudar nossa hipocrisia e demolir nossa obstinação.

Ler a Bíblia não é uma atividade segura. Pode ser uma experiência assustadora. Mas ali onde Deus corta com sua Palavra, ali ele sara. Tudo o que ele revela, ele expõe para que sejamos purificados. Jesus disse (João 15:2) que somos como os ramos de uma oliveira podada pelo agricultor. Precisamos ser podados ou cortados para poder dar fruto. É a Palavra que realiza essa poda.

Sou grato à Palavra de Deus como fonte de conforto, alegria, adoração e louvor. Também sou grato à Palavra de Deus como espada que penetra, convence e discerne, e que não permite que eu me safe de forma alguma. Quando exponho minha vida à Palavra de Deus, meu pecado é revelado. Quando o pecado é revelado, é possível dar um jeito nele. É esse tipo de purificação que me capacita a gerar mais fruto, para meu júbilo pessoal e para a glória de Deus.

2

CONHECENDO E CONFIANDO EM NOSSO GRANDE DEUS

ÀS VEZES, O DEUS QUE ENCONTRAMOS na Bíblia e na criação parece tão amplo e complexo que nos indagamos se temos a mínima capacidade de conhecê-lo. Ele é o Deus que dispõe as estrelas no céu e que moldou a história com seus poderosos atos. Em outros momentos o Deus de nossa experiência cristã é tão íntimo e familiar que perdemos sua grandeza de vista. Ele é nosso Pai celestial que conhece cada uma de nossas necessidades, a quem podemos levar cada tristeza.

As Escrituras revelam que Deus é tão grande que jamais podemos entendê-lo completamente, mas ele deseja ser conhecido por nós. Ele nos criou para um relacionamento consigo, e pôs em nós o desejo de conhecê-lo. Deus também quer que confiemos nele, mesmo que essa confiança ultrapasse os limites de nosso conhecimento.

ANSIAR POR DEUS

Ó Deus, tu é meu Deus;
cedo eu te buscarei;
minha alma tem sede de ti;
minha carne anseia por ti
em terra seca e sequiosa
onde não há água.
A ti eu procurei no santuário
para ver teu poder e tua glória.
Porque teu amor é melhor que a vida,
meus lábios te louvarão.

SALMOS 63.1-3 (NKJV)

Essa oração é toda sobre ansiar. O salmista se levanta cedo de manhã e tem sede, mas não é sede de água. Ele tem sede de Deus, que é a primeira coisa que ele deseja pela manhã. Em sua vida espiritual ele é como um peregrino no deserto morrendo de vontade de um gole d'água. Aliás, Davi estava no deserto quando escreveu esse salmo, escondendo-se, mas ansiando estar de volta em Jerusalém, onde podia adorar. Ele era como a corça das colinas do deserto em Salmos 42.1: "Como a corça anseia por águas correntes, a minha alma anseia por ti, ó Deus".

É esse o coração do verdadeiro cristão. É esse o coração que suspira, que tem sede, que tem uma fome que só pode ser saciada pela presença e poder de Deus. O que ele queria ver? Ele queria ver o poder de Deus manifestado em sua vida, a glória de Deus revelada na adoração. Ele queria experimentar o amor de Deus — a misericórdia e a graça de Deus — para que pudesse oferecer louvor. Era essa a prioridade da vida de Davi. Pelo que você anseia na vida? O que você deseja intensamente durante os longos silêncios da noite e quando você se levanta pela manhã? É alguém para amar, uma certa medida de sucesso, um novo carro ou casa? Neste exato instante, se você escrevesse as três coisas que mais deseja, será que "conhecer e experimentar a Deus" estaria no topo da lista? O apóstolo Paulo podia dizer: "[O] que eu quero é conhecer a Cristo" (Filipenses 3.10). Ele orou para que os efésios pudessem crescer no conhecimento de Deus (Efésios 1.17). É isso que você quer para si mesmo?

Seja esta sua oração: Ó Deus, é você quem eu quero. Eu quero você em minha vida. Sinto-me seco e sequioso. Sinto-me fraco e solitário. Preciso de seu poder, sua glória, seu amor. Isso significa mais para mim do que a própria vida, e eu quero adorá-lo.

GLORIAR-SE EM CONHECER A DEUS

Assim diz o SENHOR:

"Não se glorie o sábio em sua sabedoria
    nem o forte em sua força
    nem o rico em sua riqueza,
mas quem se gloriar, glorie-se nisto:
    em compreender-me e conhecer-me,
pois eu sou o SENHOR,
    e ajo com lealdade,
    com justiça e com retidão sobre a terra,

pois é dessas coisas que me agrado",
declara o SENHOR.

JEREMIAS 9:23,24

Em que você se gloria? "Gloriar-se" em algo significa gabar-se desse algo. De que você se gaba? Vivemos em um mundo de pessoas que se gloriam em sua sabedoria. Elas acrescentam um longo fio de graduações a seus nomes. Elas querem que as pessoas se impressionem com suas realizações acadêmicas, com o quanto elas são inteligentes. O mundo está cheio de pessoas que se gloriam em sua força. Os atletas profissionais hoje estão constantemente se gabando de sua força e habilidade físicas. Os empreendedores se gabam da força de sua liderança e capacidade de empreender. E o mundo certamente está cheio de gente que se gaba de sua riqueza. Essas pessoas querem que todo mundo saiba que elas são ricas. Elas ostentam sua riqueza no próprio corpo na forma de roupas caras e joias. Elas dirigem sua riqueza na forma de um carro de luxo. Elas vivem em uma casa que diz "riqueza" a todos que por ali passem. É assim que os seres humanos caídos são: nós nos gloriamos em nossa sabedoria, força e riqueza.

Mas o profeta Jeremias diz ser isto o que diz o Senhor: "Se vai se gabar, gabe-se disto: de que você me conhece e me entende". É disso que devemos nos gabar como cristãos. Paulo diz (1Coríntios 1:26-29) que não há muitos cristãos entre os nobres ou os poderosos deste mundo. Deus escolheu os pequenos, os humildes e os fracos. Não podemos dizer que somos as pessoas mais sábias do mundo. Não podemos dizer que somos as pessoas mais fortes do mundo. Mas podemos dizer isto: conhecemos e entendemos a Deus.

Eu estava voando pela classe econômica, em um assento do meio, ao lado de um homem que parecia oriundo do Oriente Médio. Ele percebeu que eu estava lendo uma Bíblia e disse:

— Posso lhe fazer uma pergunta?

— Claro — respondi.

Ele disse:

— Sou novo na América. Emigrei do Irã e estou confuso em relação à religião americana. Todo mundo em meu país é muçulmano, mas há tantas religiões aqui. Você pode me falar da religião americana?

— Claro. Qual é sua pergunta?

Ele perguntou:

— Qual é a diferença entre um católico, um protestante e um batista?

Expliquei-lhe as diferenças de forma simples, e então disse:

— Posso fazer uma pergunta?

— Claro— ele disse.

Perguntei:

—Você é um pecador?

— Ah, sim! — ele respondeu — Eu peco.

Eu disse:

— Bem, em sua fé, o que acontece com os pecadores?

— Ah, eles podem ir para o inferno.

Eu lhe perguntei:

—Você tem alguma esperança de não ir ao inferno?

Ele disse:

—Eu espero que Deus me perdoe.

Eu disse a ele:

— Bem, eu conheço a Deus e ele não o fará — O homem ficou estupefato.

Ele olhou para mim e disse:

—Você conhece a Deus? — Eu conseguia imaginá-lo pensando: O que você está fazendo no assento do meio da classe econômica se você conhece a Deus? Você não tem mais status e poder do que isso?

Não foi fácil contar a ele que conheço a Deus, mas eu precisava lhe falar sobre o Deus que conheço. Falei a ele sobre o Deus descrito em Jeremias 9:24. Ele é um Deus que exerce o amor para com todas as pessoas, mesmo os iranianos. Mas é também um Deus que exerce juízo e justiça no mundo. Aqueles que não o conhecem — que não vieram a conhecê-lo por meio de seu Filho — estarão sob o juízo de Deus e estarão no inferno. Mas a boa nova é que pessoas de qualquer nação podem ser perdoadas ao confiar em Cristo.

Meu conhecimento de Deus me é precioso, mas, mais ainda, eu sou precioso para Deus. Eis a verdade maravilhosa por trás do versículo 24: Deus se deleita naqueles que o entendem e conhecem. Se você conhece a Deus como ele revelou a si mesmo na Bíblia, se você entende que ele é um Deus que exerce tanto amor quanto juízo, Deus se deleita em você.

CONFIANDO NO SENHOR

Confie no SENHOR de todo o seu coração
E não se apoie no seu próprio entendimento.
Reconheça o SENHOR em todos os seus caminhos,
E ele endireitará as suas veredas.

PROVÉRBIOS 3:5,6

Esse mandamento realmente atinge o âmago de nossa vida cristã. Você confia no Senhor completamente? "De todo o seu coração" significa que você confia nele para tudo, com tudo o que você é. Você consegue confiar no Senhor não importa o que aconteça, sejam os acontecimentos bons ou maus? Consegue confiar nele não importa que dor ou sofrimento você tenha de enfrentar, não importa que provação tenha de encarar? Confiará nele quando seus sonhos forem para o brejo? Você confia no Senhor de todo o coração, apesar de tudo?

A alternativa é confiar em si mesmo, é se apoiar em seu próprio entendimento. Podemos escolher confiar em nossa própria interpretação dos acontecimentos em vez de confiar que Deus está dirigindo nossos caminhos. Quando as coisas em sua vida parecem fora de controle, você precisa se lembrar de que Deus o ama e de que em todas as coisas ele está trabalhando para o seu bem. O propósito não é que entendamos tudo o que acontece conosco. O propósito é que confiemos em Deus em vez de confiar em nossa própria capacidade de dar sentido às coisas.

Um de meus livros favoritos da Bíblia é o livro de Jó. Ele tinha mais problemas do que a maioria de nós consegue imaginar. Todos os seus filhos e filhas foram mortos quando estavam adorando a Deus na casa de um deles. Depois, ele perdeu todos os seus animais, plantações e riquezas. Finalmente, adoentou-se e assentou-se em cinzas, murmurando e raspando pústulas de seu corpo. A única coisa que lhe restara era a esposa, e ela não lhe ajudava em nada. "Amaldiçoe a Deus e morra!", disse ela a Jó.

Alguns amigos de Jó vieram visitá-lo, e durante a primeira semana eles só lhe fizeram companhia, sem dizer nada. Apenas choraram com Jó e lhe deram tapinhas nas costas. Isso foi sábio e bom. Mas decorridos sete dias os amigos abriram a boca e sua sabedoria desapareceu. Eles chegaram a conclusões ridículas sobre a situação miserável de Jó e jogaram a culpa de tudo no pecado dele. Achavam que assim estavam sendo muito espirituais e prestativos. Eles tinham seu próprio entendimento das circunstâncias — e estavam completamente errados.

Jó acabou perguntando a Deus: "Como entenderei isto? Meu coração é reto. Sou homem de integridade. Não consigo encontrar pecado em minha vida. Não faço ideia de por que tudo isto me aconteceu". Jó não sabia que Deus estava permitindo que Satanás lhe testasse a fé para provar que a fé salvífica não pode ser destruída pela tragédia. Jó pediu que Deus lhe explicasse por que ele estava sofrendo. A resposta de Deus foi: "Não, não vou lhe explicar. Por que eu lhe deveria explicar qualquer coisa? O que faz você pensar que poderia entender?". Deus revelou a Jó seu poder criativo e sua infinita grandeza.

No fim Jó simplesmente disse: "Meus ouvidos já tinham ouvido a teu respeito, mas agora os meus olhos te viram.

Por isso [...] me arrependo no pó e na cinza" (Jó 42:5,6). Ele estava dizendo, com efeito, me desculpe por me atrever a questioná-lo. Simplesmente confiarei em você. Em resposta a essa confiança, Deus deu a Jó uma nova família e bênçãos maiores que suas bênçãos anteriores. Você não pode se apoiar em sua própria interpretação das coisas que acontecem em sua vida. Você só pode se apoiar no Senhor. Confie nele de todo o coração. Em todas as coisas o reconheça. Ele lhe abrirá um caminho que você nem sequer esperava trilhar. É a promessa dele.

O DEUS QUE NOS GUARDA

Àquele que é poderoso para impedi-los de cair e para apresentá-los diante da sua glória sem mácula e com grande alegria, ao único Deus, nosso Salvador, sejam glória, majestade, poder e autoridade, mediante Jesus Cristo, nosso Senhor, antes de todos os tempos, agora e para todo o sempre! Amém.

JUDAS 1:24,25

Esses versículos são o que chamamos de doxologia: uma expressão de louvor a Deus. Há muitas doxologias do tipo espalhadas ao longo do Antigo Testamento e do Novo. Essa é muitas vezes usada como bendição ao fim do louvor cristão, assim como encerra a carta de Judas. É uma bênção pronunciada sobre Deus por sua grandeza, mas ao mesmo tempo pronuncia uma bênção sobre você, porque lhe lembra que Deus é capaz de impedir que você tropece e de apresentá-lo sem mácula diante de sua glória com grande alegria.

O que isso significa? Significa que Deus não o perderá. Não o abandonará. Você jamais cairá de sua graça. Deus impedirá que você tropece, que caia na tentação de abandonar a fé e negar a Cristo. No fim, ele o apresentará sem mácula diante de sua glória.

Como isso é possível, se você apresenta nódoas agora? Quando esse dia vier, quando você entrar na presença da glória de Deus no céu, será um novo você que Deus apresentará a si mesmo. Sua natureza humana caída terá desaparecido. Você terá sido transformado à semelhança de Cristo. Você nunca será perfeito nesta vida, mas naquele dia será tornado perfeito e santo, sem mancha ou falha. Não espanta que haverá ali grande alegria.

É essa a promessa de Deus: se você é de Cristo, ele o guardará. Jesus disse: "Todo o que o Pai me der virá a mim, e quem vier a mim eu jamais rejeitarei" (João 6:37). Ele disse: "Não perdi nenhum dos que me deste" (João 18:9). "Porque a vontade de meu Pai é que todo o que olhar para o Filho e nele crer tenha a vida eterna, e eu o ressuscitarei no último dia" (João 6:40).

Todo aquele que o Pai dá a Cristo, Cristo recebe. Todo aquele que ele recebe, ele guarda. Todo aquele que ele guarda, ele ressuscita para a glória eterna.

Podemos, portanto, louvar a Deus por guardar suas promessas e por nos guardar. Deus é nosso Salvador. Só ele é sábio. A ele e somente a ele pertencem toda glória e majestade, todo domínio e poder, agora e para sempre. Amém.

3

ENTENDENDO O REINO DE DEUS

UMA COISA É ENTENDER QUE DEUS reina sobre todo o mundo, e outra bem diferente é entender que Deus controla as circunstâncias de sua vida e as provações que você enfrenta. A soberania de Deus não é doutrina abstrata reservada aos teólogos. É um conceito bíblico que afeta a forma como você vê cada dia de sua vida.

Por que Deus permite que coisas más nos aconteçam? Por que ele permitiria que fôssemos tentados? Será que estou em um cabo de guerra entre Deus e Satanás? Se Deus de fato controla as circunstâncias, será que tenho mesmo livre-arbítrio? Essas são algumas das questões sobre as quais refletiremos neste capítulo enquanto examinamos alguns versículos de tremendo poder.

DEUS FAZ COM QUE TODAS AS COISAS COOPEREM PARA O BEM

Sabemos que Deus age em todas as coisas para o bem daqueles que o amam, dos que foram chamados de acordo com o seu propósito.

ROMANOS 8:28

Tudo que acontece com você é bom? Não é isso que o versículo está dizendo. Ele diz que Deus faz até mesmo as coisas más cooperarem para o bem daqueles que amam a Deus.

Os cristãos não negam que há bastante mal no mundo. Os cristãos nem sequer negam que há bastante mal neles mesmos. Sem dúvida você pode se identificar com a confissão de Paulo em Romanos 7:19: "Pois o que faço não é o bem que desejo, mas o mal que não quero fazer, esse eu continuo fazendo". Ele clama: "Miserável homem eu que sou! Quem me libertará do corpo sujeito a esta morte?" (7:24), e confessa: "na minha carne [...] não habita bem nenhum" (7:18). Assim, Romanos 8:28 não está dizendo que não há nenhuma coisa má. A passagem diz que mesmo o que é mau em nós pode cooperar para o bem.

Perceba que o versículo não diz que as coisas cooperam para o bem por si mesmas. Isso é o que o mundo pensa: que "as coisas vão dar certo". Mas os melhores manuscritos gregos desse versículo deixam claro que o sujeito da frase não são as coisas, mas Deus. "Sabemos que Deus faz com que todas as coisas cooperem para o bem" (NASB).

Isso nos aponta um elemento de imensa importância do caráter de Deus. Poderíamos denominá-lo soberania de Deus. Isto é, sua suprema autoridade e poder sobre todas as questões da vida, para gerar a partir delas os seus bons propósitos. Também poderíamos denominá-lo a providência de Deus. Trata-se da maravilhosa maneira como Deus toma todas as vicissitudes da vida — todas as contingências, todas as escolhas, todas as coisas boas, más e indiferentes — e as entretece para cooperarem para um bom propósito.

A promessa não é para todos. Deus não diz que tudo dará certo para todas as pessoas do mundo. É uma promessa destinada apenas àqueles que amam a Deus, àqueles que foram chamados para a salvação. Se você é cristão, você pode ter certeza de que foi o propósito de Deus chamá-lo para a salvação. Nem todas as coisas em sua vida serão boas, mas todas as coisas em sua vida cooperarão juntas por causa da soberana providência de Deus.

Você pode não percebê-lo agora, mas todo sofrimento, toda tentação, toda provação, mesmo todo pecado, são entretecidos por Deus em uma tapeçaria cujo fim último é o seu bem. Às vezes olhar para uma situação é como olhar para o lado de baixo de um tapete persa. Você só consegue enxergar uma profusão de fios apontando para todas as direções. Parece caótico. Mas se virar o tapete, você verá ali um belo padrão. Quando sua vida for virada do avesso na eternidade, você verá nela um padrão. Você verá como Deus fez todas as coisas cooperarem para o seu bem.

Mesmo em nossas provações e tentações, Deus está trabalhando para o nosso bem. Você ficou surpreso quando eu disse que Deus faz até nossos pecados cooperarem para o bem? Quando vejo pecado em minha vida, eu o lamento e odeio, de modo que o próprio pecado aumenta meu anseio por santidade. Mesmo quando tropeço pela vida, Deus usa esse tropeço para aumentar minha aversão pelo pecado. Quanto à vida que há de vir, Deus está fazendo todos os problemas de nossa vida presente cooperarem para produzir uma recompensa eterna de que desfrutaremos para sempre na presença dele.

Não espere que tudo na sua vida seja bom. Isso não acontecerá. Não espere que tudo em você seja bom. Isso também não acontecerá. O que você pode esperar é isto: Deus há de entretecer todas as coisas para gerar um bom resultado para seus filhos amados, tanto no tempo como na eternidade.

DEUS LIMITA NOSSAS TENTAÇÕES

Não sobreveio a vocês tentação que não fosse comum aos homens. E Deus é fiel; ele não permitirá que vocês sejam tentados além do que podem suportar. Mas, quando forem tentados, ele lhes providenciará um escape, para que o possam suportar.

1CORÍNTIOS 10.13

A tentação faz parte de ser humano. As Escrituras dizem que elas acometem a todos. Já ouvi pastores atribuírem a culpa das tentações aos demônios. As pessoas alegam ser atacadas pelo demônio da ira ou pelo demônio da lascívia

— ou mesmo pelo demônio do gotejamento pós-nasal. Mas a tentação na verdade não tem relação com os demônios. A tentação simplesmente diz respeito ao ser humano. Você não precisa passar a vida inteira apavorado, temendo uma invasão demoníaca, como se um poder sobre-humano pudesse aparecer e dominar sua vontade. Se você é cristão, você pertence a Deus e a Cristo. "[A]quele que está em vocês é maior do que aquele que está no mundo" (1João 4:4). Deus é maior que o Maligno. Se você é filho de Deus, as únicas tentações que experimentará são as humanas. Deus jamais permitirá que você enfrente uma tentação que esteja além de sua capacidade de resisti-la.

Encaramos diferentes tentações em diferentes estágios de nossa vida cristã. Algumas coisas muito difíceis para um cristão recém-nascido que acaba de sair do mundo não são nenhum problema para um cristão maduro que já caminha com o Senhor há décadas. O cristão maduro continua a enfrentar tentações, mas são de espécie diferente, mais sutis e mais difíceis de reconhecer. Mas o Senhor nos guarda a cada estágio da jornada. Ele só permite que sejamos tentados de formas que somos capazes de enfrentar naquele momento.

Essa verdade é ilustrada pela forma como Jesus protegeu seus discípulos quando os soldados romanos vieram para capturá-lo. Os soldados adentraram o jardim e se aproximaram de Jesus, e ele perguntou: "A quem vocês estão procurando?" Eles responderam: "A Jesus, o Nazareno". Ele lhes perguntou novamente: "A quem vocês estão procurando?". Novamente eles responderam: "A Jesus, o Nazareno". Então ele disse: "Eu Sou", e todos caíram. Por que Jesus pediu que explicitassem quem tinham ido buscar? Ele queria que reconhecessem pessoalmente que não tinham o direito de prender os discípulos. Ele disse: "Se é a mim que vocês estão procurando, deixem ir embora estes homens". Ele sabia que se os discípulos tivessem sido capturados aquela noite pelos romanos, a fé deles era tão fraca que eles a teriam abandonado. Jesus, portanto, fez o necessário para que eles jamais fossem colocados em tal situação. Eles foram protegidos de uma tentação que não teriam sido capazes de suportar. João 18:9 diz que Jesus o fez para cumprir a passagem: "Não perdi nenhum dos que me deste".

Deus tampouco perderá você. Ele está pessoalmente envolvido em sua vida, protegendo-o de qualquer tentação que possa sobrepujá-lo. Às vezes pensamos que Deus só se importa com a gente de uma forma muito geral, ditando que as coisas se deem de uma certa maneira e então permitindo que aconteçam. Mas Deus está envolvido de forma muito mais íntima do que isso em nossa vida, protegendo-nos a cada momento. Você enfrentará tentações. Mas elas jamais serão mais do que humanas e jamais serão mais do que você pode suportar. Sempre haverá uma rota de escape, de modo que você possa suportá-las. Muitas vezes essa rota de escape se tornará clara para você no momento da tentação. Muitas vezes a rota de escape é simplesmente o caminho da resistência, o caminho da obediência e o caminho da súplica pela ajuda de Deus.

AS PROVAÇÕES NOS FAZEM CRESCER

Meus irmãos, considerem motivo de grande alegria o fato de passarem por diversas provações, pois vocês sabem que a prova da sua fé produz perseverança. E a perseverança deve ter ação completa, a fim de que vocês sejam maduros e íntegros, sem lhes faltar coisa alguma.

TIAGO 1:2-4

A passagem nos dá outra forma de pensar sobre as tentações que enfrentamos. A palavra traduzida como "provações" aqui é a mesma palavra traduzida como "tentações" em 1Coríntios 10:13 (já citado aqui). Deus não só nos protege das tentações que não conseguimos suportar, mas também usa essas tentações para nos ajudar a amadurecer.

Todos adoraríamos poder dizer que não carecemos de nada — que somos perfeitos e completos. Gostaríamos que o Senhor dissesse que não há nada faltando em nossa vida. Mas só podemos alcançar esse patamar por meio da dor. Não podemos ser maduros sem desenvolver a paciência, e não podemos desenvolver a paciência sem passar por experiências difíceis que testem a nossa fé. É por isso que Tiago diz que você deve se alegrar quando passar por várias provações — quando enfrentar as provações e os testes à sua fé. Você está sendo fortalecido nessas provações pelo desenvolvimento da perseve-rança espiritual.

Se você quer ficar fisicamente mais forte, o que você faz? Você se submete a experiências dolorosas. Vai à academia e dá duro, seja levantando pesos, correndo sobre a esteira ou usando o simulador de escada. Você faz tudo o que pode para fortalecer o corpo, e sabe que isso envolverá dor; mas você decidiu que o objetivo vale a pena. Para ficar forte, você terá de enfrentar certo grau de dor e perseverar mesmo assim. Começar é fácil, mas ser constante é difícil.

O mesmo se aplica se você quer ficar forte espiritualmente. Você nunca ficará espiritualmente maduro a não ser que desenvolva a perseverança; e só pode desenvolver a perseverança à medida que persevera na fé ao atravessar experiências dolorosas. Algumas pessoas oram: "Senhor, quero ser forte por você. Quero ser ousado e corajoso. Quero ser crescido, plenamente maduro, completo em minha fé". Se fizer essa oração, prepare-se, porque a resposta à oração será dolorosa. A única forma que Deus pode responder a essa oração é testando sua fé ao levá-lo ao limite, empurrando-o para além de sua zona de conforto e carregando-o através dos tempos difíceis.

Se quer isso para sua vida — se quer ser tudo o que Deus deseja que você seja para a glória dele —, você não vai simplesmente cerrar os dentes e suportar a provação. Você terá isso tudo por motivo de alegria, como diz Tiago. Como fazê-lo? Olhando para além da provação, para além da dor; olhando para o resultado. Olhando para o propósito desse tempo de provação em sua vida: olhando para a maturidade espiritual que você quer alcançar. É daí que vem a alegria. À medida que fica mais forte, você terá menos tendência a ceder à tentação e menos tendência a vacilar em sua fé. Você não quer isso para si? Se sim, acolha as provações que o farão forte.

MORREMOS COM CRISTO, MAS VIVEMOS PELA FÉ

Fui crucificado com Cristo. Assim, já não sou eu quem vive, mas Cristo vive em mim. A vida que agora vivo no corpo, vivo-a pela fé no filho de Deus, que me amou e se entregou por mim.

GÁLATAS 2:20

Eis uma afirmação maravilhosa da identidade espiritual do cristão. Paulo começa com este fato: "Fui crucificado com Cristo". A frase olha para trás, para o evento histórico da cruz, quando fomos unidos a Cristo enquanto ele levou sobre si nossos pecados. Você estava ali quando crucificaram meu Senhor? Sim, você estava. Todos os que cremos em Jesus Cristo estávamos ali na cruz. Deus nos pôs ali mesmo ainda que não tivéssemos nascido. Toda pessoa que creu em Cristo — sejam os santos do Antigo Testamento vislumbrando o futuro Messias, sejam seus seguidores no Novo Testamento, sejam todos os que creram desde então —, todos os que fomos perdoados, estávamos ali em Cristo quando ele morreu. Nós partilhamos a sua morte. Paulo diz em Romanos 6 que fomos sepultados com ele e fomos ressuscitados com ele para novidade de vida. Que realidade incrível. Nossos pecados foram pagos porque fomos crucificados com Cristo. É por isso que não estamos sob nenhuma condenação. É por isso que Jesus disse, imediatamente antes de morrer, "Está consumado" (João 19:30). A penalidade foi plenamente paga. A lista de acusações contra nós foi apagada. Deus escreveu "Cancelada" em cima de nossa dívida.

Agora temos uma nova vida, ressuscitados em Cristo e em unidade com ele. Paulo diz que não sou realmente eu quem vive; é Cristo que está vivendo em mim. É um mistério profundo, porque Paulo claramente ainda está vivo. Ele diz que está vivendo sua vida na carne pela fé no Filho de Deus. Ora, qual das duas alternativas é a verdadeira? Sou eu quem está vivendo em meu corpo ou é Cristo? Esse é um dos paradoxos da fé cristã que as pessoas frequentemente me pedem para explicar. Elas dizem: "John, você pode me explicar a soberania de Deus e a escolha humana? Você pode explicar a eleição e o livre-arbítrio?". Não, não posso. Só posso dizer que ambas as coisas estão na Bíblia. Não entendo como Deus harmoniza em sua mente o fato de que se sou salvo, isso é obra de Deus, mas se o rejeito, isso é obra minha. Está além de meu alcance, o que reforça minha confiança de que a Bíblia não foi escrita por homens. Autores e editores humanos teriam ajustado detalhes como esse para que parecessem mais lógicos, mas Deus os apresentou dessa maneira para contemplarmos, perplexos, o fato de que a sabedoria dele transcende a nossa.

Se eu lhe perguntasse quem escreveu Gálatas, o que você diria? Foi Paulo ou foi o Espírito Santo? Foi Paulo quem escreveu a carta inteira, e foi o Espírito Santo quem escreveu a carta inteira. Como isso é possível? Se eu lhe perguntasse se Jesus era Deus ou homem, o que você diria? Você sabe que ele era 100% Deus e 100% homem. Como é possível ser 200%? Está além de nossa compreensão.

Assim, se eu lhe perguntar quem vive sua vida cristã, o que você dirá? Você pode dizer: "Sou eu quem a vive. Eu sujeito meu corpo. Eu obedeço a Palavra de Deus". Você estaria certo. Mas você também pode dizer: "Preciso permitir que Deus assuma o controle. Preciso permitir que Cristo viva sua vida por meio de mim. O Espírito Santo flui por meio de mim". Você também estaria certo. Em toda grande doutrina que diz respeito à obra salvífica de Deus, há duas verdades que precisam ser sustentadas juntas. Não podemos harmonizar tudo. Só afirmamos as duas verdades; e afirmamos ambas ao mesmo tempo.

Paulo nos diz ser esse o grande mistério da vida cristã. Eu fui crucificado com Cristo. Eu não vivo mais. Cristo vive em mim. Mas ao mesmo tempo eu vivo agora mesmo neste corpo carnal pela fé nele. É algo que exige tudo de nós, mas é tudo obra dele. Viver a vida cristã exige toda a disciplina, obediência e fé de que somos capazes, e contudo, no fim das contas, é o próprio Cristo quem está vivendo em mim, aquele que me amou.

CRISTO VENCEU O MUNDO

Eu lhes disse essas coisas para que em mim vocês tenham paz. Neste mundo vocês terão aflições; contudo, tenham ânimo! Eu venci o mundo.

JOÃO 16:33

Jesus disse essas palavras no aposento superior na noite em que foi traído. Foi a conclusão do longo discurso de despedida que começa: "Não se perturbe o coração de vocês" (João 14:1). Jesus disse aos discípulos que estava indo embora. Ele lhes disse que ficariam preocupados e temerosos, que seriam perseguidos, que seriam espalhados e abandonariam a Jesus. Mas ao longo de todo o discurso fez promessas de que não os abandonaria. Seu amor perduraria. Jesus lhes daria o Espírito Santo para encorajá-los assim como ele o fizera. Ele prometeu responder às orações deles. No fim do discurso, ele disse: "O propósito de tudo o que eu lhes disse esta noite é que tenham paz no coração. Vocês não têm nenhum motivo para andarem ansiosos. Não digo que não terão tribulações. Já lhes adverti da perseguição. Neste mundo vocês terão tribulações". A raiz da palavra grega significa "pressão". Você estará sob pressão, espremido pelas tribulações da vida. Mas em meio a tudo isso, tenha bom ânimo. A expressão soa meio que uma gíria, não é mesmo? "Ânimo aí, meu chapa!" Significa seja feliz, seja encorajado, anime-se — porque, no fim, venci o mundo.

A batalha já foi decidida, diz Jesus. Não há nada que o mundo possa fazer para derrotá-lo no fim, porque eu venci uma vitória absoluta sobre o pecado e a morte. Estou prestes a consumar essa obra na cruz. O mundo — as forças que se opõem a Deus — continuará a lhe atribular, mas não pode derrotá-lo, porque eu já venci. Seus ataques contra você não podem causar dano real, porque todo o sistema mundial que se opõe a Deus foi esmagado. Eu venci o mundo. Enquanto permanecer no mundo, você terá tribulações. Mas enquanto permanecer em mim, você terá paz.

4

O QUE ACONTECEU NA CRUZ

NO ÂMAGO DA FÉ CRISTÃ HÁ UM acontecimento. Foi um acontecimento real na história, um acontecimento único que não pode ser repetido. Foi a morte do Filho de Deus na cruz. A cruz está no centro da mensagem do Novo Testamento. A maioria dos americanos conhece a história básica de como Jesus morreu. O recente filme *A Paixão de Cristo* recontou essa história de forma dramática, conquanto violenta, e deixou milhões de pessoas impactadas pela profundeza do sofrimento de Jesus. Muitas pessoas sabem que Jesus morreu, mas não entendem por que ele morreu.

Teólogos escreveram longos tratados sobre o que Deus fez na cruz — tratados que eles denominam teorias da expiação.

Você não precisa de teorias sofisticadas para entender o que a cruz significa para você. Alguns versículos fundamentais bastam para esclarecer o tema.

FERIDO POR DEUS

Certamente ele tomou sobre si
　　as nossas enfermidades
　　e sobre si levou as nossas doenças,
　　contudo nós o consideramos
　　　　castigado por Deus,
　　　　por Deus atingido e afligido.
Mas ele foi transpassado
　　por causa das nossas transgressões,
foi esmagado por causa
　　de nossas iniquidades;
　　o castigo que nos trouxe paz
　　　　estava sobre ele,
　　　　e pelas suas feridas fomos curados.
Todos nós, tal qual ovelhas,
　　nos desviamos,
cada um de nós se voltou
　　para o seu próprio caminho;
e o SENHOR fez cair sobre ele
　　a iniquidade de todos nós.

ISAÍAS 53:4-6

Na cruz Jesus não estava sofrendo por seus próprios pecados. Ele levou sobre si a dor por nosso pecado. Ele levou a tristeza por nossa maldade. Ele foi ferido por nossas transgressões. Ele foi machucado por nossas iniquidades. O profeta Isaías deixou isso claro séculos antes de Jesus morrer. Quem matou Jesus? As pessoas continuam a debater se foram os judeus ou os romanos os maiores responsáveis por sua morte. Outros dizem que todos nós somos responsáveis, já que ele morreu por nossos pecados. Mas Isaías diz algo chocante: que Jesus foi atacado, ferido e afligido por Deus. Foi Deus quem pôs todos os nossos pecados em Jesus.

Por que Deus? Porque Deus é o juiz do mundo inteiro. Só ele tem a sabedoria para decidir qual é a pena adequada para nosso pecado, e Deus infligiu essa pena a seu Filho. Deus foi literalmente o verdugo de seu próprio Filho. Isso não quer dizer que Deus seja um Pai cruel e sádico; significa que ele é um Pai compassivo e misericordioso que fez a única coisa que podia para perdoar nosso pecado. Nenhum outro sacrifício teria sido suficiente para o pecado do mundo inteiro. Nenhum outro sacrifício teria sido moralmente perfeito, um Cordeiro sem mácula. Para que Deus pudesse executar seu justo juízo contra nosso pecado e ainda assim nos perdoar, Deus se tornou um sacrifício humano perfeito. O Pai enviou seu único Filho para morrer em nosso lugar.

A única forma de termos paz com Deus era Jesus ser castigado e punido por Deus mesmo sendo inocente. Por suas feridas — pelas chagas causadas pelos açoites — somos sarados espiritualmente. Porque ele sofreu, nós fomos justificados diante de Deus. Isaías diz que todos nós precisávamos ser justificados diante de Deus. Todos nós éramos como ovelhas errantes que se haviam perdido. Cada um de nós havia seguido seu próprio caminho pecaminoso, mas o Senhor reuniu toda a iniquidade que havia em todos nós e a derramou em Jesus Cristo. Essa é a incrível realidade do que Jesus Cristo, o Filho de Deus, fez como substituto dos pecadores. Aquele que não tinha pecado ofereceu a si mesmo pelos pecaminosos. Cada um de nós pecou, mas o pecado de cada um que confia em Jesus Cristo foi pago. Quando colocamos nossa confiança em Cristo, sua morte é aplicada a nós. Nossos pecados são cobertos para sempre e sua justiça nos é dada como um presente. Essa grande verdade nos é motivo de regozijo supremo, porque o que Deus fez na cruz nos resgata do juízo eterno e nos dá paz eterna com Deus.

MORRENDO PELOS ÍMPIOS

De fato, no devido tempo, quando ainda éramos fracos, Cristo morreu pelos ímpios. Dificilmente haverá alguém que morra por um justo; pelo homem bom talvez alguém tenha coragem de morrer. Mas Deus demonstra seu amor por nós: Cristo morreu em nosso favor quando ainda éramos pecadores.

ROMANOS 5:6-8

Paulo chama nossa atenção para uma poderosa verdade: Cristo não morreu por nós porque somos santos. Ele não morreu pelos religiosos ou pelos morais ou pelos bons. Ele morreu por nós, pelos ímpios, quando ainda éramos pecadores. Já é raro que pessoas morram por outras pessoas. Às vezes lemos que alguém deu a vida em uma guerra ou em um desastre para salvar outra pessoa. Paulo reconhece que em raras situações alguém pode morrer por uma pessoa justa, por alguém que merecia ser salvo. Quem dá a vida para salvar uma pessoa boa é digno de nota. Mas você já ouviu falar de alguém disposto a morrer por uma pessoa má? Existe alguém que morreria por um homem imprestável, iníquo e vil? Só Jesus Cristo.

É isso que o verdadeiro amor é — o tipo de amor de que a Bíblia nos fala. É o tipo de amor que fez Cristo morrer pelos piores, não pelos melhores. É essa a maravilha do amor de Deus. Seu incrível amor por nós é demonstrado pelo fato de que Cristo morreu por nós quando ainda éramos pecadores. O amor de Deus por nós não tinha nenhuma relação com sermos atraentes ou dignos. Tinha a ver apenas com a natureza de Deus — com o fato de que Deus é amor.

Cristo não morreu por nós por sermos tão dignos, tão amáveis ou tão santos. Paulo diz que estávamos fracos, desamparados, incapazes de salvar a nós mesmos. Não havia nada de admirável em nós, mas Deus nos amou. Cristo morreu por nós porque éramos indignos e incapazes. Não dá para apresentar o evangelho de forma mais direta que essa: Cristo morreu pelos ímpios, não pelos justos. Ele o fez por causa de seu amor por nós — e por nenhuma outra razão. Um amor que não merecíamos produziu um sacrifício que não merecíamos. Mas é isso que a graça faz.

Esse amor, esse sacrifício, produz gratidão em nossa vida. Espero que você seja inundado de gratidão todo dia, nunca esquecendo o quão indigno você é do amor de Deus em Jesus Cristo. Nada fizemos para merecer sua misericórdia. Não temos nenhum atributo desejável para atrair seu amor. Embora fôssemos desamparados e ímpios, e estivéssemos em rebelião contra ele, Deus mostrou seu amor por nós enviando Cristo para morrer em nosso lugar.

TORNANDO-SE PECADO POR NÓS

Deus tornou pecado por nós aquele que não tinha pecado, para que nele nos tornássemos justiça de Deus.

2CORÍNTIOS 5:21

O versículo só tem quinze palavras no grego original, mas as quinze palavras expressam a doutrina da substituição como nenhum outro versículo da Bíblia. Essa ideia de substituição está no cerne do evangelho. Quem era esse que não conhecia pecado? Só houve uma pessoa que viveu sem pecado, e essa pessoa foi Jesus Cristo. Deus tornou Jesus, que nunca pecou, pecado por nós.

O que significa dizer que Deus fez Cristo pecado? Algumas pessoas ensinam que Jesus na verdade se tornou um pecador na cruz, e portanto foi punido na cruz. Alguns ensinam até mesmo que Jesus teve de ir para o inferno por três dias para pagar esses pecados e, tendo pago por seus pecados, foi-lhe permitido ressuscitar dentre os mortos. Nada disso é verdade.

Na cruz, Jesus teve de ser o Cordeiro imaculado, o sacrifício perfeito. Na cruz ele ainda estava sem mácula. Ele era santo na eternidade antes de se tornar humano; e então viveu uma vida santa; e continua santo na eternidade agora. Para permanecer pleno Deus e pleno homem, Cristo teve de permanecer santo, incorrupto e separado dos pecadores. Ele é aquele que não conheceu pecado, ponto final. Ele não é meramente aquele que não conheceu pecado até a cruz.

Quando a Bíblia diz que Cristo foi feito pecado, ela o diz em um sentido apenas — o de que Deus o tratou como se fosse um pecador, ainda que não fosse. Permita-me ser mais específico. Na cruz, Deus tratou Jesus como se ele tivesse pessoalmente cometido todo pecado cometido por toda pessoa que viria a crer nele, mesmo que na verdade não tivesse cometido nenhum deles. É isso que substituição significa. Jesus foi nosso substituto, sofrendo a pena que nós merecíamos. Como Isaías 53 já nos mostrou, Deus lhe infligiu a pena por nossos pecados, embora ele fosse o Filho de Deus sem pecado.

O resto do versículo nos diz a razão pela qual Cristo foi feito pecado por nós. Foi para que pudéssemos nos tornar a justiça de Deus nele. Eis o outro lado da substituição.

Deus tratou Jesus como se ele fosse um pecador para que pudesse nos tratar como se fôssemos justos.

Você já se perguntou por que Jesus teve de vir ao mundo e viver 33 anos quando não temos quase nenhuma informação sobre seus primeiros trinta anos? Por que ele precisou se dar ao trabalho de viver esses trinta anos? Se eu fosse Deus, talvez eu dissesse: "Filho, preciso que você desça e morra pelos pecados de todas as pessoas que crerão em você. Só vai levar um fim de semana. Você só precisa descer na sexta para ser crucificado e sair do sepulcro no domingo; e então você pode voltar". Se seu propósito todo dizia respeito apenas à morte e ressurreição, de que se trataram os seus primeiros trinta anos?

Eis a resposta: Jesus disse, quando estava sendo batizado por João, que precisava cumprir toda a justiça. Ele estava fazendo isso ao longo de toda a sua vida — vivendo uma vida perfeitamente justa. Hebreus 4:15 diz que ele foi tentado em tudo assim como nós, e contudo viveu sem pecado. Ele foi tentado quando criança, quando jovem e quando adulto — e contudo ele não pecou.

Por que ele teve de viver essa vida sem pecado? Para que a vida sem pecado de Cristo pudesse ser creditada em sua conta, leitor. Essa é a doutrina da substituição — de que a ausência de pecado de Jesus pôde ser dada a você, ou "imputada" a você. Na cruz, Deus tratou Jesus como se ele tivesse vivido sua vida, para que Deus possa tratá-lo como se você tivesse vivido a vida de Jesus. Esse é o cerne do evangelho.

RETIRANDO AS ACUSAÇÕES CONTRA NÓS

Quando vocês estavam mortos em pecados e na incircuncisão da sua carne, Deus os vivificou juntamente com Cristo. Ele nos perdoou todas as transgressões, e cancelou a escrita de dívida, que consistia em ordenanças, e que nos era contrária. Ele a removeu, pregando-a na cruz.

COLOSSENSES 2:13,14

Os versículos retratam uma imagem muito vívida, ainda que a linguagem seja difícil de entender. Paulo usa conceitos jurídicos do mundo antigo. Quando uma pessoa era crucificada, a lista de seus crimes era pregada à cruz para tornar óbvio a todos a razão pela qual ela estava sendo punida. Quando Jesus foi crucificado, os soldados afixaram um letreiro à cruz que dizia: "Este é Jesus de Nazaré, o Rei dos Judeus". A acusação contra Jesus era que ele era um rei, um rebelde contra o imperador romano e uma ofensa aos judeus que estavam buscando um tipo muito diferente de rei. Foi esse o crime pelo qual ele estava sendo morto.

Paulo toma a imagem da condenação e diz que a lista de acusações contra nós também foi pregada à cruz. Todas as leis que violamos, todas as exigências a que deixamos de atender e que agora eram "contra nós", foram pregadas por Deus à cruz. A lista de nossos pecados foi afixada ali, mas não precisamos morrer por eles. Jesus morreu por eles em nosso lugar.

Paulo diz que antes disso, estávamos espiritualmente mortos em nossas transgressões. Éramos "incircuncisos" —

éramos impuros; não éramos parte do povo de Deus. Mas agora tudo isso mudou. Fomos perdoados por todos os nossos pecados porque Jesus pagou a pena por eles na cruz. Não estamos mais mortos; fomos vivificados com Cristo porque a pena de morte sob a qual estávamos foi executada. Todas as acusações contra nós foram retiradas, porque a sentença já foi cumprida. Fomos declarados inocentes, não porque o mereçamos, mas porque todas nossas ofensas contra Deus foram atribuídas a Jesus Cristo, o qual satisfez a Deus, o justo Juiz. Jamais seremos capazes de agradecê-lo ou louvá-lo o suficiente por morrer para nos dar vida.

REDIMINDO-NOS COM SEU SANGUE

Pois vocês sabem que não foi por meio de coisas perecíveis como prata ou ouro que vocês foram redimidos da sua maneira vazia de viver que lhes foi transmitida por seus antepassados, mas pelo precioso sangue de Cristo, como de um cordeiro sem mancha e sem defeito.

1PEDRO 1:18,19

Costumamos cantar que somos "remidos pelo sangue do Cordeiro". Esses são conceitos tremendos que são difíceis de entender para muita gente no século 21. Mas eles são de importância crítica para entender o que aconteceu na cruz.

"Redenção" era termo técnico referente ao dinheiro pago para resgatar um prisioneiro de guerra. Foi isso que

Deus fez por nós quando Jesus morreu por nós. Pedro diz que precisávamos ser libertos da vida inútil e sem rumo transmitida pela tradição de nossos pais, de nossa vida que se resumia a seguir o caminho do mundo. Estávamos aprisionados nesse sistema mundial corrupto, participando da corrida de ratos, vivendo no automático, sem realmente viver da forma que Deus queria que vivêssemos. Precisávamos ser resgatados dessa antiga forma de vida, porque no fim ela conduz à morte e ao juízo de Deus.

Mas como poderíamos ser remidos? Nada neste mundo poderia comprar nossa liberdade — nem prata, nem ouro, nem qualquer outro bem humano. Só uma coisa poderia nos remir; e essa coisa, afirma Pedro, é o precioso sangue de Jesus Cristo.

A única forma de sermos libertos de nossa antiga forma de vida e de suas consequências era que um sacrifício — um substituto aceitável para Deus — fosse encontrado. Ao longo do Antigo Testamento os israelitas sacrificaram cordeiros e outros animais no Templo como ofertas pelo pecado, para remover o pecado do povo. Todo aquele sistema vislumbrava a vinda do Senhor Jesus Cristo, que viria a ser o último Cordeiro. Ele seria o sacrifício final e perfeito, o Cordeiro sem defeito e sem mácula.

Uma geração após a morte de Jesus, a cidade e o Templo de Jerusalém foram destruídos pelos romanos, exatamente como Jesus havia predito. Com a destruição do Templo em 70 d.C., o sistema sacrificial inteiro veio ao fim. Daquele dia em diante, nunca mais houve templo e nunca mais houve um lugar para oferecer sacrifícios. Nenhum sacrifício é necessário. Jesus foi o sacrifício final. Ele pagou, de uma vez por todas, pelos pecados de toda pessoa que viria a crer. Ele pagou o preço para nos redimir, para nos libertar, com seu próprio sangue.

Agora você sabe — e pode compartilhar — o porquê da cruz.

5

ACEITANDO A SALVAÇÃO DE DEUS

NO CORAÇÃO DA BÍBLIA – EM ALGUNS de meus versículos favoritos — está a verdade de que Deus deseja que aceitemos o dom da salvação. Não é suficiente acreditar, como vimos no capítulo 3, que Deus é soberano sobre todas as coisas. Seria um pensamento aterrador se não acreditássemos também que o desejo do Deus todo-poderoso é nos salvar e não que sejamos destruídos. Não é suficiente saber o que aconteceu na Cruz. É possível saber que Deus pagou um preço pela nossa salvação e contudo rejeitar o dom. As Escrituras dizem que precisamos acreditar naquele que morreu por nós, aceitando pela fé o livre dom da salvação, confessando nossa fé diante dos outros e nos comprometendo com Jesus como Senhor.

COMO ESCAPAR AO PERECIMENTO

Porque Deus tanto amou o mundo que deu o seu Filho Unigênito, para que todo o que nele crer não pereça, mas tenha a vida eterna. Pois Deus enviou o seu Filho ao mundo, não para condenar o mundo, mas para que este fosse salvo por meio dele.

JOÃO 3:16,17

Talvez seja um dos primeiros versículos que você decorou. Que verdade maravilhosa. Deus deseja que saibamos que há um caminho para escapar ao perecimento. Para entender a razão pela qual Deus deu o seu Filho, você precisa entender o tipo de mundo ao qual ele o enviou. Era um mundo onde as pessoas estavam perecendo. Deus não enviou seu Filho para condenar o mundo, porque o mundo já estava condenado. Ele enviou seu Filho para salvar as pessoas que estavam perecendo.

A palavra "pereça" salta aos nossos olhos. Ela significa mais do que a mera morte física. Denota destruição eterna e punição divina — em suma, o inferno. Jesus falou mais do inferno que do céu. Ele falou de um fogo que nunca se apaga, de um lugar onde o verme nunca morre, onde as pessoas rangem os dentes e choram e gemem, onde a escuridão é total. É isso que significa perecer.

Mas Deus amou tanto o mundo que enviou seu Filho para que não precisemos perecer. Podemos ter a vida que dura para sempre — ou, mais exatamente, a vida eterna. Não é meramente a vida que temos agora continuando para todo o sempre. Nenhum de nós suportaria isso; seria uma espécie de inferno. A vida eterna é um tipo diferente de vida. Não é só uma mudança na quantidade de vida, mas também na qualidade dessa vida. No céu, recebemos o tipo de vida que Deus vive. Participamos do júbilo da imortalidade divina, da própria vida que pertence a ninguém menos que Deus. Ele nos dá sua própria vida, a vida que existe eternamente dentro do Pai e do Filho e do Espírito Santo. Ele nos resgata do perecimento e nos dá a vida eterna.

Quem é que recebe a vida? Todo aquele que crer no Filho unigênito de Deus. Jesus diz que toda pessoa que vier a ele, ele de modo algum lançará fora (João 6:37). Todo aquele que crer nele será salvo. O que significa crer nele? Não significa meramente acreditar que uma pessoa chamada Jesus existiu na história. Significa acreditar que Jesus é quem ele disse que era. Acreditar em Jesus significa acreditar no Jesus verdadeiro:

- o Jesus que é Deus encarnado,
- o Jesus que nasceu da virgem,
- o Jesus que viveu uma vida sem pecado,
- o Jesus que morreu uma morte substitutiva na Cruz,

- o Jesus que foi ressuscitado dentre os mortos,
- o Jesus que ascendeu ao céu,
- o Jesus que agora intercede à destra do Pai como nosso Sumo Sacerdote,
- o Jesus que foi declarado Senhor pelo próprio Deus,
- o Jesus que um dia virá para reunir os seus a si mesmo e estabelecer a glória de seu reino eterno.

Acreditar nesse Jesus é a única forma de escapar ao perecimento. Paulo advertiu que outros podem aparecer pregando outro Jesus (2Coríntios 11:4); e disse que malditos sejam os que pregarem outro evangelho (Gálatas 1:8). Mas aqueles que creem no verdadeiro Jesus não estão condenados. Eles são resgatados do perecimento pelo amor de Deus.

COMO SER SALVO

Se você confessar com a sua boca que Jesus é Senhor e crer em seu coração que Deus o ressuscitou dentre os mortos, será salvo. Pois com o coração se crê para justiça, e com a boca se confessa para salvação.

ROMANOS 10:9,10

Essa passagem fundamental das Escrituras estabelece as duas coisas que você precisa fazer para ser salvo. O que poderia ser mais importante?

A primeira coisa que você precisa fazer é confessar com a boca que Jesus é o Senhor, mais do que dizer que Jesus é Deus. Afinal, Tiago 2:19 diz que até mesmo os demônios sabem que Deus é o soberano do universo, mas esse conhecimento não os salva.

Confessar Jesus como Senhor significa dizer que Jesus é seu Senhor, seu Soberano. Fazer essa confissão significa expressar em voz alta, diante dos outros, sua convicção pessoal e profunda — sem reservas — de que Jesus é seu Mestre e o Regente de sua vida.

Jesus disse: "Se alguém quiser acompanhar-me, negue--se a si mesmo" (Lucas 9:23). É uma afirmação incrível se levarmos em conta a forma como as pessoas pensam no papel de Jesus em sua vida hoje. O evangelho não tem nenhuma relação com realização pessoal, como muitos supõem. O evangelho diz respeito a negar a si mesmo. Ninguém pode confessar Jesus como Senhor e dizer: "Ok, Jesus, deixarei que entre em minha vida; e quero que você me torne mais bem-sucedido, melhore meu casamento e também dê uma melhorada em minha pontuação no golfe". O evangelho não significa Jesus entrar em sua vida e lhe dar o que você quer. Significa você comparecer diante de Jesus e dizer: "Deus, seja misericordioso comigo, um pecador. Salve--me". Significa dizer: "Jesus, eu o reconheço como meu Soberano, Mestre e Senhor. Dou as costas aos meus desejos e minha necessidade de controlar minha vida. Eu me submeto ao que você quer para mim, seja isso o que for".

O jovem governante rico se recusou a fazê-lo (Lucas 18:18-27). Jesus lhe disse que fizesse uma coisa: venda tudo o que tem, dê o dinheiro aos pobres e então me siga. Você não é salvo por se livrar de seu dinheiro. O objetivo de Jesus era testar o compromisso do homem com Jesus como seu Senhor. Ele poderia ter pedido centenas de coisas diferentes, mas Jesus escolheu aquilo sabendo que assim colocaria à prova sua disposição de negar a si mesmo. O governante não teve coragem de se submeter ao governo de Jesus sobre ele. Ele não conseguiu confessar dessa maneira que Jesus era o Senhor de sua vida. Ele foi embora triste — e sem obter a salvação.

A segunda coisa que você precisa fazer para ser salvo é crer em seu coração que Deus ressuscitou Jesus dentre os mortos. A fé na ressurreição significa que você também acredita que Jesus morreu na Cruz e foi ressuscitado dentre os mortos como sinal de que ele realmente é o Messias, ressuscitado e alçado às mais excelsas alturas para ali governar com o Pai. Deus Pai imprimiu o selo de aprovação divina à obra perfeita de Jesus — à sua vida perfeita e morte substitutiva — quando o ressuscitou dentre os mortos. A ressurreição foi a validação suprema de seu ministério e identidade.

Você só será salvo quando tiver reconhecido Jesus como seu Senhor e acreditado que sua morte na Cruz foi de fato o sacrifício eficaz pelo seu pecado, validado por sua gloriosa ressurreição. Você crê com o coração e é justificado diante de Deus; você confessa com a boca e confirma essa realidade.

SALVOS PELA GRAÇA

Pois vocês são salvos pela graça, por meio da fé, e isto não vem de vocês, é dom de Deus; não por obras, para que ninguém se glorie.

EFÉSIOS 2:8,9

Os versículos esclarecem a obra da salvação: é tudo obra de Deus, e não nossa. Somos salvos pela graça de Deus mediante nossa fé. É tudo dom de Deus. Não somos salvos por nossas boas obras. Não temos portanto razão para nos orgulharmos, como se ser cristão fosse uma conquista. A única forma de ser salvo é pela graça, que é favor imerecido de Deus. Se a merecêssemos, não seria graça. Não somos salvos porque fomos bons o suficiente, fizemos as coisas certas ou conquistamos a salvação de qualquer outra maneira que se possa conceber.

A Bíblia deixa claro que não podemos conquistar nossa salvação. Paulo escreveu em Romanos 3:20: "... ninguém será declarado justo diante dele baseando-se na obediência à lei". Ele escreveu em Gálatas 3:10 que aqueles que confiam nas boas obras para ser salvos estão sob maldição, porque todo aquele que viola a lei de Deus está sob maldição e nenhum de nós é capaz de cumprir essa lei. Todos nós estamos justificadamente condenados à punição eterna a não ser que Deus intervenha pela graça. Foi justamente isso que Deus fez.

Deus nos traz a salvação pela graça, e nossa resposta é a fé. Mas mesmo nossa fé não vem de nós mesmos. "[E] isto não vem de vocês" refere-se não só à graça, mas também à fé. Exige-se que creiamos para sermos salvos, mas como estamos mortos no pecado, não conseguimos crer. O homem natural não entende as verdades espirituais (1Coríntios 2:14), e portanto não é capaz de crer. O deus deste mundo (o diabo) cegou a mente dos incrédulos de modo que a luz do evangelho não os pode iluminar (2Coríntios 4:4). É ali portanto que estamos antes de sermos salvos — nas trevas, mortos em nosso pecado, cegos para a verdade, carecendo de toda esperança e sem Deus (Efésios 2:12). Estamos desamparados, incapazes de gerar fé a partir de nosso coração morto. Deus precisa trazer nosso coração morto à vida. Deus precisa dar vista aos nossos olhos cegos. Ele precisa dar entendimento à nossa mente obscurecida. Toda a obra da salvação, assim, é um milagre de Deus. Nós de fato cremos no evangelho e recebemos o Senhor Jesus Cristo pela fé, mas é Deus quem nos dá o desejo, a capacidade e o entendimento para fazer exatamente isso. Nenhum de nós pode se gabar de sua fé ou de sua salvação, pois tudo isso se deve à graça de Deus, do começo ao fim.

BOAS-NOVAS AOS SOBRECARREGADOS

Venham a mim, todos os que estão cansados e sobrecarregados, e eu lhes darei descanso. Tomem sobre vocês o meu jugo e aprendam de mim, pois sou manso e humilde de coração, e vocês encontrarão descanso para as suas almas. Pois o meu jugo é suave e o meu fardo é leve.

MATEUS 11:28-30

Essas palavras de Jesus vieram como uma maravilhosa boa notícia às pessoas que as ouviram. Elas estavam labutando sob um fardo pesado. Era o fardo de tentar conquistar a própria salvação por meio da observância da lei e de todas as ordenanças e tradições que haviam se desenvolvido no judaísmo da época. Jesus disse em Mateus 23:4 que os mestres da lei e os fariseus punham fardos pesados sobre os ombros das pessoas, mas jamais levantavam um dedo para ajudá-las a carregá-lo. Tentar ser bom o bastante para se tornar justo diante de Deus é um grande fardo, um fardo que ninguém consegue suportar. No entanto, mesmo hoje ainda há muitas, muitas pessoas ao redor do mundo penando sob esse fardo. Todo sistema de salvação pelas obras é um sistema impossível, porque as Escrituras dizem que ninguém pode ser justificado pelas obras da lei (Romanos 3:20) e você só pode ser salvo pela graça, não pelas obras.

Pode haver muitas religiões no mundo, mas só há dois sistemas de salvação. Há, por um lado, a verdade do evangelho — de que a salvação vem independentemente das obras, como livre dom de Deus pela graça por meio da fé. E há, por outro, todos os demais sistemas, tenham eles o nome que tiverem; sistemas que dizem que você pode conquistar seu ingresso no céu por meio de cerimônias religiosas, feitos morais ou boas obras. É uma mentira do diabo, para que confiemos em nós mesmos e não em Deus. É a ilusão que acomete a maior parte do mundo; e essa ilusão é um fardo pesado. Uma religião de obras não pode oferecer nenhuma paz e nenhum descanso, porque ninguém consegue ser perfeito. Ninguém, homem ou mulher, consegue superar sua própria natureza caída.

Mas Jesus entrou em cena e disse: "Venham a mim, todos vocês que estão sofrendo sob o jugo imenso de tentar conquistar a própria salvação, e eu lhes darei descanso. Em vez desse jugo de lei e tradição imposto a vocês como o rude fardo de madeira que o boi carrega para puxar uma carroça impossivelmente pesada, tomem o meu fardo. Eu sou manso. Sou humilde de coração. Eu lhes darei descanso, porque meu jugo é suave e meu fardo é leve". É essa a maravilhosa promessa da salvação pela graça por meio da fé. A salvação não exige esforço de nossa parte, em virtude do grande esforço realizado por Jesus Cristo em sua morte e ressurreição. Porque ele já realizou nossa salvação, nós agora temos descanso — não precisamos nos dar ao trabalho de conquistar a salvação com nossas próprias obras.

UM HINO DE SALVAÇÃO

Não há dúvida de que é grande o mistério da piedade: Deus foi manifestado em corpo, justificado no Espírito, visto pelos anjos, pregado entre as nações, crido no mundo, recebido na glória

1TIMÓTEO 3:16

O versículo integra um hino da igreja primitiva, fato que não surpreende em vista de sua uniformidade, ritmo e paralelismo no grego. Os seis versos formam um sumário conciso do evangelho. O mistério da piedade é o segredo da natureza e plano de Deus que foi ocultado por muitos anos e agora foi revelado em Jesus Cristo. Quando Paulo falava do "mistério", ele sempre se referia a alguma grande verdade que era obscura no Antigo Testamento e que agora se tornou clara. O maior de todos os mistérios era o mistério de Deus se tornando carne humana, o mistério do próprio Jesus, a gloriosa realidade da Encarnação.

A Encarnação torna-se uma espécie de tema para esse hino. Deus foi manifestado na carne pelo milagre do Nascimento Virginal. A expressão "justificado no Espírito" na verdade não se refere ao Espírito Santo, mas significa que Jesus era justo em seu espírito, em sua pessoa interior. Quando Deus se tornou um ser humano ele era perfeitamente justo, perfeitamente santo. "Visto pelos anjos" significa que todos os anjos — os anjos santos e os anjos caídos — reconhecem Jesus como o Encarnado. Os anjos santos cantaram em seu nascimento e ministraram a ele depois de sua tentação. Os anjos caídos (demônios) reconheceram Jesus como o Santo de Deus, embora tivessem medo dele e tenham dito: "Que temos nós contigo?" (Marcos 1:24, NKJV).

Jesus foi "pregado entre os gentios" — ou, mais exatamente, "entre as nações". Os apóstolos se muniram da gloriosa mensagem de Jesus Cristo e começaram a disseminá-la até aos confins da terra, como ele ordenara. Ele foi "crido no mundo". Foram muitos os que creram. Depois da ressurreição, ele apareceu a quinhentos na Galileia.

Quando apareceu no Aposento Superior na Judeia, eram 120 os que creram ali. No dia de Pentecoste, mais de três mil, vindos do mundo todo, acreditaram nele. Logo havia mais milhares e milhares, e agora o evangelho se havia espalhado a todas as partes do mundo. Finalmente, o hino diz que ele foi "recebido na glória". A mensagem do evangelho não é completa se não disser que Jesus ascendeu ao mais excelso lugar e foi recebido em glória no céu, onde agora está assentado à destra do Pai.

TRÊS FASES DA SALVAÇÃO

Estou convencido de que aquele que começou boa obra em vocês, vai completá-la até o dia de Cristo Jesus.

FILIPENSES 1:6

A obra que Deus começou em você é a obra da salvação. Quando Deus começa essa obra em uma pessoa, ele a conclui. Paulo uma vez disse algo surpreendente sobre a salvação: "... a nossa salvação está mais próxima do que quando cremos" (Romanos 13:11). Como é possível? Não recebemos nossa salvação no instante em que cremos? Sim, recebemos, mas Paulo se refere à conclusão de nossa salvação, quando Jesus retorna e nós somos transformados.

Para o cristão a salvação tem três fases. Parte dela se dá no passado: quando Jesus morreu na cruz e você posteriormente creu nele. Outra parte se dá no presente: a ação contínua do Espírito em sua vida para transformá-lo e libertá-lo do pecado. Outra parte ainda se dá no futuro: nossa expectativa de sermos transformados completamente e desfrutarmos da vida eterna no céu. A primeira fase é a justificação, que se dá quando você se arrepende e põe sua fé em Cristo e é justificado diante de Deus. A segunda fase é a santificação, o processo pelo qual você é gradualmente separado do pecado. A terceira fase é a glorificação, que ocorrerá quando deixarmos este mundo, entrarmos no céu e formos libertos da antiga carne caída e de suas influências. Nesse momento estaremos completamente livres da realidade do pecado e seremos capazes de adentrar a plena perfeição e a absoluta santidade da vida eterna.

Como cristão, você já foi justificado e perdoado. Você está no processo de ser santificado, sendo cada vez mais separado do pecado pela obra do Espírito Santo através da Palavra. Um dia você será glorificado, tornado como Jesus Cristo, à medida que a humanidade glorificada pode ser como a divindade encarnada. Damos graças pelo dom da salvação que já recebemos, mas nos regozijamos ao saber que Deus está apenas começando a nos transformar, e que ele concluirá aquilo que começou.

Oramos as palavras do hino de Charles Wesley:

Conclui então tua criação.
Faze-nos, Pai, imaculados.
Deixa-nos ver tua salvação,
em ti estando restaurados:

de glória em glória então passemos
até o celeste lar.
Coroas a teus pés deitemos,
perdidos a louvar e amar!

6

MAIS DO QUE MERECEMOS

O CORAÇÃO DA BÍBLIA REVELA A MAIS profunda alma de Deus. Dentre todas as coisas incríveis que descobrimos a respeito de Deus no Antigo e no Novo Testamento, a mais incrível é esta: o fato de que Deus está cheio de amor e misericórdia. Não é o que realmente esperamos, lá no fundo, e não é o que merecemos. Sabemos que somos culpados, e portanto nutrimos profundas suspeitas de que Deus deseja nos punir. Mas a verdade que as Escrituras revelam é que Deus quer nos perdoar se nós simplesmente nos arrependermos.

Quando Moisés pediu para ver a face de Deus — para conhecer a natureza de Deus intimamente —, Deus concordou em lhe mostrar as costas, por assim dizer, oferecendo-lhe uma visão indireta de sua glória. Quando Deus passou diante dele, foi assim que ele se identificou: "Eu sou o Senhor, eu sou o Senhor, o misericordioso e gracioso Deus. Demoro a me irar e sou rico em infalíveis amor e fidelidade" (Êxodo 34:6, NLT).

Jesus ensinou e demonstrou que Deus é um Pai misericordioso e gracioso que acolhe os pecadores. Como vimos no capítulo 4, Cristo demonstrou seu amor por nós no fato de que quando ainda éramos pecadores, ele morreu por nós. O amor perdoador é tão central à natureza de Deus que João pode dizer: "Deus é amor" (1João 4:8). Não importa há quanto tempo sejamos cristãos, isso continua a nos surpreender porque somos tão pouco merecedores. É por isso que continuamos a cantar sobre o maravilhoso amor e a maravilhosa graça de Deus.

COMPAIXÃO SEM FIM

Graças ao grande amor do SENHOR
é que não somos consumidos,
pois as suas misericórdias são inesgotáveis.
Renovam-se cada manhã;
grande é a tua fidelidade.

LAMENTAÇÕES 3:22,23

É apenas graças à misericórdia do Senhor que não somos consumidos. Misericórdia significa reter o que merecemos, não nos infligir a punição que merecemos. O fato é que realmente merecemos punição. Merecemos o juízo de Deus porque violamos sua lei, porque rejeitamos seu amor, porque o ofendemos e desonramos. Fazemos isso toda vez que pecamos. Deveríamos ser consumidos por sua justiça, mas sua justiça é temperada por sua misericórdia.

Sua misericórdia se baseia em sua compaixão por nós e essa compaixão é ilimitada.

Quando estava criando meus filhos, houve momentos em que demonstrei compaixão como pai, mas não posso dizer que tivesse uma compaixão absolutamente ilimitada. Olhando para trás, vejo que houve momentos em que minha compaixão se esgotou. Como a maioria dos pais, eu nem sempre demonstrava o amor perdoador de Deus quando tive oportunidades de fazê-lo. Como sou humano e caído, minha compaixão falhou. Mas o Senhor nos diz que sua compaixão nunca falha. Sua misericórdia nunca é diminuída pela fadiga, irritação ou falta de tempo. Como Paulo nos diz em Romanos 5:20, onde aumentou o pecado, a graça aumentou muito mais. Mesmo quando continuamos a pecar, a graça de Deus aumenta.

Esses atos de compaixão para conosco são novos toda manhã. O estoque de compaixão de Deus nunca acaba. Todo dia é um novo dia para ele. Eis algo maravilhoso em que pensar no começo do dia. É um novo dia e todas as misericórdias e compaixões de Deus estão disponíveis para ele.

Por que Deus tem tamanha misericórdia e compaixão? Por que seu estoque de compaixão se renova a cada dia, mesmo que ontem tenha sido um dia ruim, decepcionante ou pecaminoso? Eis o porquê: "Grande é tua fidelidade". O alicerce da misericórdia e da compaixão de Deus é sua aliança. Quando Deus faz uma promessa, ele a cumpre. Durante os quarenta anos da peregrinação de Israel pelo deserto, e ao longo das páginas das Escrituras, Deus nos prometeu misericórdia e compaixão se confiarmos nele. Deus sempre é fiel a si mesmo e à sua Palavra. Deus não pode mentir e não pode quebrar uma promessa. 2Timóteo 2:13 diz: "[S]e somos infiéis, ele permanece fiel, pois não pode negar-se a si mesmo". Acordamos a cada novo dia, não importa o que tenha acontecido no anterior, imersos na misericórdia e na compaixão de um Deus que mantém sua aliança mesmo com os seus filhos inconstantes.

FALANDO CONSIGO MESMO

Bendiga ao SENHOR a minha alma!
Bendiga ao SENHOR todo o meu ser!
Bendiga ao SENHOR a minha alma!
Não esqueça de nenhuma de suas bênçãos!
É ele que perdoa todos os seus pecados
   e cura todas as suas doenças,
que resgata a sua vida da sepultura
   e o coroa de bondade e compaixão.

SALMOS 103:1-4

Todos nós falamos sozinhos. Você provavelmente disse a si mesmo esta manhã: "Eu, saia da cama". Você disse a si mesmo para abrir este livro. Todos nós falamos com nós mesmos, e o salmo 103 nos dá um modelo do jeito certo de fazer isso. Examine este modelo: "Alma, bendiga o Senhor. Eu, louve o Senhor. Tudo o que há em mim, bendiga seu santo nome". Desenvolva o hábito de dizer a si mesmo para bendizer a Deus, e treine sua alma a bendizer o nome dele.

Como você treina sua alma a bendizer o Senhor? Lembrando-se dos benefícios que ele lhe confere. Lembre-se do que ele fez por você. Enumere suas bênçãos. Quando as coisas dão errado na vida, você pode se esquecer dos benefícios que Deus lhe conferiu. Quando fica desapontado, pode se esquecer das bênçãos que ele derramou sobre você. Mas nada do que acontece na vida pode afetar as bênçãos eternas de Deus sobre você como filho dele.

Quais são os benefícios listados aqui? Primeiro, Deus perdoa todos os seus pecados. Que ponto de partida! Segundo, Deus cura todas as suas doenças. Toda cura que você experimentou veio de Deus. Algumas doenças não serão curadas no tempo, mas na eternidade; se não são curadas nesta vida elas serão curadas no céu, quando você for tornado absolutamente perfeito. Terceiro, ele já redimiu sua vida da destruição e o libertou do poder da morte. Quarto, além de tudo isso, Deus o coroou com amor e misericórdia. A palavra traduzida como "graça" é a palavra hebraica hesed. Ela significa o "amor da aliança" de Deus e é a palavra traduzida como "graça" no Antigo Testamento. A tenra misericórdia de Deus para com você, como pecador, é o tema do salmo 103 — ele derrama esse amor e misericórdia sobre você. Sua resposta a isso é louvar seu santo nome com toda as suas forças.

As coisas de fato dão errado nesta vida. A lei de Murphy parece estar em ação — se algo pode dar errado, vai dar errado. Mas as coisas nunca dão errado no reino eterno. Nada dá errado nos propósitos de Deus. Você pode contar com eles. O propósito de Deus é abençoá-lo, perdoá-lo, curá-lo, redimi-lo e amá-lo. É por isso que você pode dizer: "Bendiga, minha alma, ao SENHOR, e tudo o que há em mim bendiga o seu santo nome".

A SOMBRA DA MORTE

O SENHOR é o meu pastor; de nada terei falta.
Em verdes pastagens me faz repousar
e me conduz a águas tranquilas;
    restaura-me o vigor.
Guia-me nas veredas da justiça por amor do seu nome.
Mesmo quando eu andar
    por um vale de trevas e morte,
não temerei perigo algum, pois tu estás comigo;
    a tua vara e o teu cajado me protegem.
Preparas um banquete para mim
    à vista dos meus inimigos.
Tu me honras, ungindo a minha cabeça com óleo
    e fazendo transbordar o meu cálice.
Sei que a bondade e a fidelidade
    me acompanharão todos os dias da minha vida,
    e voltarei à casa do SENHOR enquanto eu viver.

SALMO 23

O salmo nos fornece uma imagem memorável da bondade e misericórdia de Deus demonstradas em seu constante cuidado com seu povo. Livros foram escritos sobre as grandes verdades desse conhecido cântico pastoral, mas me concentrarei em uma imagem apenas. É a que nos salta aos olhos quando ouvimos o salmo lido em velórios: "Mesmo quando eu andar por um vale de trevas e morte, não temerei perigo algum, pois tu estás comigo".

As ovelhas não são capazes de guiar a si mesmas. Elas precisam ser guiadas por um pastor para encontrarem comida, e o Senhor é o Pastor que nos alimenta. As ovelhas precisam ser levadas a água tranquilas, porque as águas correntes de córregos e rios as levarão embora e elas não conseguem beber delas. As ovelhas precisam ser conduzidas a um lugar seguro. Elas precisam ser protegidas pela vara e cajado do pastor quando ameaçadas por perigos fatais — quando estiverem sob a sombra da morte.

Como cristãos, jamais caminhamos pelo vale da morte; caminhamos pelo vale da sombra da morte. O que você acha que o salmista quis dizer com isso? Uma famosa anedota sobre o grande pregador Donald Grey Barnhouse ilumina essa questão.

A morte da esposa de Barnhouse o deixou sozinho com uma filha de seis anos em casa. Foi muito difícil para ele superar o luto, mas o mais difícil foi confortar a filhinha e lhe explicar a morte da mãe. Certo dia, eles estavam em pé na esquina de um cruzamento movimentado, esperando o sinal de pedestres ficar verde. Subitamente um caminhão muito grande virou a esquina em alta velocidade, cobrindo o sol e assustando a menina. Para confortá-la, o dr. Barnhouse a tomou nos braços e, em um instante, a sabedoria de Deus o invadiu e ele foi capaz de explicar: "Quando viu o caminhão passar você ficou assustada.

Mas permita-me fazer uma pergunta: você prefere ser atingida pelo caminhão ou pela sombra do caminhão?" Ela respondeu: "Pela sombra, é claro".

Então ele explicou que, "quando sua mãe morreu, ela só foi atingida pela sombra da morte, porque Jesus foi atingido pelo caminhão (a morte)" [James Hewett, *Illustrations unlimited* (Wheaton: Tyndale House, 1988), p. 148]. A sra. Barnhouse só atravessou o vale da sombra da morte; não tememos que mal algum lhe sobrevenha. A morte não passa de uma sombra inofensiva para as ovelhas do Bom Pastor. Como explica o apóstolo Paulo: "Onde está, ó morte, a sua vitória? Onde está, ó morte, o seu aguilhão? [...] Graças a Deus, que nos dá a vitória por meio de nosso Senhor Jesus Cristo" (1Coríntios 15.55,57). O Bom Pastor nos protege da morte. Todos os dias de nossa vida sua bondade e misericórdia vêm ao nosso encalço, enquanto ele cuida de nós, nos alimenta e passa unguento em nossas feridas. Um dia ele nos levará para seu lar eterno.

NADA PODE NOS SEPARAR

Pois estou convencido de que nem morte nem vida, nem anjos nem demônios, nem o presente nem o futuro, nem quaisquer poderes, nem altura nem profundidade, nem qualquer outra coisa na criação será capaz de nos separar do amor de Deus que está em Cristo Jesus, nosso Senhor.

ROMANOS 8:38,39

O apóstolo Paulo poderia simplesmente ter escrito: "Nada pode nos separar do amor de Deus, que está em Cristo

Jesus, nosso Senhor. Mas alguém teria perguntado: "E isto aqui? E aquilo ali? Não podem essas coisas nos separar do amor de Deus?"

Assim, pensando nessas pessoas, Paulo faz uma lista abrangente. "Estou convencido" — diz ele nas palavras mais enfáticas possíveis: completamente convencido, absolutamente certo —, de que nenhuma dessas coisas pode se colocar entre nós e o amor de Deus. Ele começa com a morte, porque essa é a primeira coisa que tememos poder nos separar do amor de Deus. Não, nem a morte, diz ele; e não, nem a vida. Essas são as duas únicas possibilidades. Em ambos os casos, você não pode ser separado do amor de Deus.

Então Paulo passa à esfera dos seres espirituais que podemos temer, os santos e os imundos. Nem anjos nem demônios ("principados", "poderes") têm o poder de nos apartar do amor de Deus. Não precisamos viver com medo deles.

Então ele passa à dimensão do tempo. Não há coisa alguma, seja no presente ou no futuro, que pode retirar você da aliança do amor de Deus. Então ele passa à dimensão do espaço. Não há coisa alguma, seja no ponto mais elevado do universo, seja no ponto mais baixo, que possa se posicionar entre você e o amor de Deus.

Se isso não basta, Paulo acrescenta mais uma coisa. Não há nenhuma coisa criada que possa separá-lo de seu amor, e tudo o que existe no universo com exceção do próprio Deus é uma coisa criada. Não há absolutamente nada que possa separá-lo do amor de Deus. Isso inclui você, visto que você é uma coisa criada. Não há nada que você possa fazer que o separe do amor de Deus. Nenhum poder demoníaco ou poder angelical pode fazê-lo. Não importa se é com algo no presente ou com algo no futuro que você está preocupado. Não importa se é algo real ou imaginário. Não há criatura existente que possa alterar seu relacionamento eterno com Deus se você estiver em Cristo Jesus, nosso Senhor.

Alguns veem nesse versículo um maravilhoso encorajamento. Outros, contudo, dirão que ele só encoraja as pessoas a sair correndo para ir pecar. Acredito que é exatamente o contrário. A consciência do gracioso amor de Deus em Cristo nos atrai a ele e nos muda. Ela gera adoração e obediência, não rebelião. O Espírito Santo opera em nós como cristãos para nos conformar à imagem de Jesus Cristo.

Você pode ter certeza de que esta promessa é verdadeira: você está entre os "chamados, santificados em Deus Pai, e conservados por Jesus Cristo" (Judas 1, ACF). Aquele que o justificou também o santificará e um dia o glorificará. Isso porque Deus o ama com um amor que dura para sempre e você está oculto com Cristo no amor de Deus. Um futuro glorioso espera por você, não porque você o mereça, mas porque Deus é fiel a seu amor eterno.

SUA GRAÇA NOS BASTA

Mas ele me disse: "Minha graça é suficiente para você, pois o meu poder se aperfeiçoa na fraqueza". Portanto, eu me gloriarei ainda mais alegremente em minhas fraquezas, para que o poder de Cristo repouse em mim. Por isso, por amor de Cristo, regozijo-me nas fraquezas, nos insultos, nas necessidades, nas perseguições, nas angústias. Pois, quando sou fraco é que sou forte.

2CORÍNTIOS 12:9,10

Paulo certamente vai na contramão de nossa cultura. Você consegue imaginar alguém dizendo que a fraqueza é melhor que a força? Consegue imaginar celebridades se gabando de suas enfermidades? Paulo diz: "regozijo-me nas fraquezas, nos insultos, nas necessidades, nas perseguições, nas angústias". Ele soa masoquista. Por que ele diria algo assim? Porque Deus tem um propósito em todas essas experiências dolorosas da vida.

Paulo teve muitas experiências dolorosas, incluindo uma fonte crônica de dor a que ele se referia como um "espinho na carne". Ele pediu ao Senhor três vezes que o retirasse, mas o Senhor se recusou a fazê-lo. Em vez disso, ele disse a Paulo: "Minha graça basta". Minha graça é o suficiente para você. Meu amor e misericórdia bastam para você superar isso.

Todo momento difícil em nossa vida — toda enfermidade, insulto, necessidade, perseguição, aflição — é uma oportunidade para Deus manifestar sua graça suficiente.

Todo momento de fraqueza é uma oportunidade para Cristo manifestar seu poder. Aprendi isso vez após vez. Quando meu filho teve um tumor cerebral foi uma experiência horrível do ponto de vista humano. Mas fiz um jejum de nove dias, orando por meu filho, e experimentei graça a tal ponto que não consigo descrevê-la. Foi um dos ápices espirituais de toda a minha vida. Quando minha mulher sofreu um acidente de automóvel e quebrou o pescoço, foi um suplício terrível, mas descobri mais uma vez que a graça de Deus era suficiente.

Você nunca experimenta a graça até precisar dela. Você talvez se pergunte como você se sairá quando estiver diante da morte. Se você é cristão, posso lhe dizer como: vai dar tudo certo. Vi isso milhares de vezes. No momento que precisar, a graça dele será o bastante para você. Mas você não receberá essa graça até esse momento.

O Senhor também disse a Paulo que o poder de Deus se aperfeiçoa na fraqueza dele. O que isso significa? Significa que quando você enfrenta os tipos de provações na vida que simplesmente não consegue consertar, você fica dependente da força dele e não da sua própria força. Eu costumava encorajar as pessoas a confiar que Deus resolveria um problema tão grande que, quando acontecesse, elas saberiam que só Deus teria sido capaz de fazê-lo. Bem, Deus às vezes traz essas coisas grandes à nossa vida. Deus traz problemas à nossa vida que só ele é capaz de resolver, questões que só ele consegue mudar, de forma que somos deixados em situações de fraqueza e impotência. Nesses momentos, a força que encontramos é a força de Deus e não a nossa. Se Deus resolve esses problemas ou trata dessas questões, podemos ter certeza que foi ele e não nós. Sofrer é uma oportunidade para Deus demonstrar sua graça e poder. Aceite sua fraqueza. Ninguém é fraco demais para se tornar poderoso, mas muitos são fortes demais. Se você abraçar seu sofrimento, você verá a graça e a força de Deus aperfeiçoadas em sua vida.

SATISFAÇÃO

Foi assim que Deus manifestou o seu amor entre nós: enviou o seu Filho Unigênito ao mundo, para que pudéssemos viver por meio dele. Nisto consiste o amor: não em que nós tenhamos amado a Deus, mas em que ele nos amou e enviou seu Filho como propiciação pelos nossos pecados.

1JOÃO 4:9,10

O amor e a graça de Deus foram demonstrados a nós em nossa fraqueza quando ele enviou seu filho ao mundo para nos dar vida. Estávamos mortos em nossos pecados, mas fomos vivificados em Cristo. É assim que sabemos o que é o amor verdadeiro: não por nossa experiência de amar a Deus, mas pela morte de Cristo na cruz por nós. Deus definiu seu amor por nós entregando a si mesmo na forma de seu Filho como sacrifício, a propiciação por nossos pecados. O que significa "propiciação"? Significa satisfação. Jesus veio para ser a satisfação por nossos pecados. Quem precisava ser satisfeito? Deus precisava ser satisfeito, porque

Deus havia sido ofendido por nosso pecado, que violava sua lei. O pecado é um ato de rebelião contra Deus, violando sua honra e justiça. Para Deus perdoar um pecador, sua justiça precisa ser satisfeita. Jesus veio fazer isso por meio de sua vida sem pecado e sua morte substitutiva. A morte sacrificial daquele que era inocente satisfez a justiça divina.

Deus estava perfeitamente satisfeito com seu Filho. Você se lembra do que a voz do céu disse quando Jesus foi batizado? "Este é o meu Filho amado, em quem me agrado" (Mateus 3:17). A mesma voz veio quando Jesus foi transfigurado: "Este é o meu Filho amado, em quem me agrado" (Mateus 17:5). O Pai estava perfeitamente satisfeito em seu Filho de modo que seu Filho pudesse ser a perfeita satisfação por nossos pecados.

Tais verdades sobre como o amor de Deus satisfez sua justiça dentro de si mesmo podem parecer um tanto abstratas. Permita-me trazer o tema a um nível pessoal. Quão satisfeito você está com Jesus? É uma pergunta espiritual tão básica a fazer a si mesmo. O Pai está perfeitamente satisfeito com o Filho; o Filho está perfeitamente satisfeito com o Pai. E quanto a você? Você está perfeitamente satisfeito com Jesus Cristo? É ele sua mais profunda e verdadeira satisfação? Você encontra o ápice de sua alegria nele? O lugar onde você procura satisfação e alegria moldará toda a sua vida. Quanto mais satisfeitos estamos com seu Filho, mais Deus se agrada de nós.

7

UMA VIDA DIGNA DE NOSSO CHAMADO

JÁ VIMOS VEZ APÓS VEZ, EM PASSAGENS importantíssimas, que o coração da Bíblia é a graciosa oferta divina da salvação, que vem até nós não com base em nosso merecimento, mas com base em seu amor e misericórdia. Mas também é verdade que a salvação gera uma vida digna. A justificação leva à santificação. A segunda carta a Timóteo 1:9 diz que Deus "nos salvou e nos chamou com uma santa vocação, não em virtude das nossas obras, mas por causa da sua própria determinação e graça". Paulo instrui aos efésios para que "vivam de maneira digna da vocação a que foram chamados" (4:1). Nosso chamado à salvação tem o propósito de gerar uma vida de caráter e pureza cristãos.

QUEM PODE ENTRAR NA PRESENÇA DE DEUS?

Quem poderá subir o monte do SENHOR?
Quem poderá entrar no seu Santo Lugar?
Aquele que tem as mãos limpas
    e o coração puro,
    que não recorre aos ídolos
    nem jura por deuses falsos.
Ele receberá bênçãos do SENHOR,
e Deus, o seu Salvador lhe fará justiça.

SALMOS 24:3-5

Já estive na cidade de Jerusalém, do lado sul do monte do Templo. O local de adoração já ocupou o topo desse grande monte. Ainda dá para ver os degraus que atravessavam o muro e conduziam ao Templo aonde o povo judeu, incluindo Jesus, subia para adorar até o dia da destruição do Templo em 70 d.C. Para adorar, eles subiam ao monte do Senhor.

É provável que antigamente os sacerdotes perguntassem aos adoradores quando estes se aproximavam do monte: "Quem poderá subir ao monte do Senhor? Quem poderá entrar em seu santo lugar?". O povo responderia de forma antífona: "Aquele que tem as mãos limpas e o coração puro, que não recorre aos ídolos nem jura por deuses falsos". Eles sabiam quais eram as condições para se aproximar de Deus.

Eles não podiam vir ao lugar santo se estivessem sujos de pecados não perdoados em sua vida. Eles não podiam se aproximar de Deus com coração dividido. Eles não podiam render seu louvor ao Deus de Israel se já tivessem louvado um falso deus. Eles não podiam jurar lealdade ao Senhor se tivessem usado seu nome em falsos juramentos. Os sacerdotes faziam essas perguntas para lembrar o povo de examinar o próprio coração quando vinham para adorar.

Eu me pergunto se nós realmente nos fazemos essas perguntas quando vamos à igreja para adorar. Estamos concentrados na música, na performance e em dar as boas-vindas às pessoas, mas será que nos perguntamos uma vez que seja quem tem o direito a adorar? Tenho eu o direito de entrar correndo na presença de um Deus santo? O prédio da igreja não é o Templo de Jerusalém, mas Deus está ali, porque ele habita os louvores de seu povo (Salmos 22:3, KJV). Tenho eu o direito de "subir" à sua presença?

Não tenho nenhum direito a não ser que eu venha com mãos limpas e coração puro. Não tenho direito se houver ídolos em minha alma ou se eu estiver jurando lealdade a Deus de forma enganosa. Você pode pensar que jamais faria isso, mas se você canta "Eu te amo, Senhor" mas não o ama de todo o coração, você está jurando lealdade a ele de forma enganosa. Quando canta hinos de devoção, você está declarando sua lealdade a Deus. Você está retendo alguma coisa? Há impurezas ou ídolos em seu coração? Se for esse o caso, você não receberá a bênção do Senhor ou as misericórdias de sua justiça.

Nós não subimos mais ao monte do Templo porque Deus não habita em templo feito por mãos humanas.

Aqueles que o adoram devem adorá-lo em espírito e em verdade (João 4:24). Toda vez que adoramos — seja em um santuário, em uma academia de escola ou ao ar livre —, nós atravessamos o véu do Lugar Santíssimo. Nós adentramos a presença de Deus. Se você pudesse ver a presença de Deus e tivesse de passar por um véu literal, você não pensaria em fazê-lo a não ser que tivesse dado um jeito em todo o pecado em sua vida. Por que, então, você entraria casualmente em sua presença invisível sem dar um jeito em seu pecado? Certifique-se de que seu coração está em ordem quando entra na presença dele, porque Deus quer derramar sua bênção e lhe dar o dom de sua justiça.

VIVENDO EM CORPOS MORTAIS

Portanto, não permitam que o pecado continue dominando os seus corpos mortais, fazendo que vocês obedeçam aos seus desejos. Não ofereçam os membros dos seus corpos ao pecado, como instrumentos de injustiça; antes ofereçam-se a Deus como quem voltou da morte para a vida; e ofereçam os membros dos seus corpos a ele, como instrumentos de justiça.

ROMANOS 6:12,13

Quando você vem a Cristo, é feito nova criatura (2Coríntios 5:17). É-lhe dada uma nova natureza — uma nova disposição com novos anseios e desejos. Você quer fazer o que é certo e você não está mais sob o domínio ininterrupto do pecado. Mas ainda que seja nova criatura em seu íntimo, essa nova natureza continua encarcerada pela humanidade caída. É disso que Paulo está falando quando diz que estávamos mortos e fomos vivificados, e contudo nos encontramos em corpos mortais. A única parte de nós vulnerável ao pecado é esse corpo destinado à morte, tanto suas partes ("membros") como suas paixões.

O conflito entre a influência do pecado e nossa nova natureza há de continuar enquanto vivermos nesse corpo. É por isso que Paulo diz em Romanos 8:23 que aguardamos ansiosamente a redenção do nosso corpo. Um dia estaremos completamente livres do pecado, mas agora há uma batalha. Como Paulo, fazemos coisas que odiamos, e não fazemos as coisas que queremos fazer. Nesta batalha somos ordenados a não deixar o pecado assumir o controle. Não obedeça o inimigo. Não esteja às ordens do pecado, oferecendo os membros do seu corpo como instrumentos de injustiça. Em vez disso, esteja às ordens de Deus, oferecendo os membros do seu corpo como instrumentos de justiça, para serem empregados no lado certo desta batalha contínua. Você pode tomar a decisão de se oferecer a Deus. Você pode preencher a mente com a verdade bíblica. Você pode disciplinar o corpo e reduzi-lo à escravidão (1Coríntios 9:27). E você pode se agarrar à esperança do céu e de enfim ser livre um dia.

Quando penso no céu, fico curioso sobre o que verei ali. Quero ver um portão feito de pérola e ruas de ouro translúcido. Quero ver como é a Nova Jerusalém de formato cúbico; como é a luz da glória divina que emana do centro do trono através de joias irisadas e banha de luz o universo. Quero ver como eu serei e como meus entes amados serão; mas quando formos perfeitos talvez não reconheçamos uns aos outros. Acima de tudo, anseio ver Jesus Cristo face a face. Mas você sabia que o que mais me atrai no céu é a ausência de pecado? Estou muito mais ávido de ter o pecado removido de minha vida do que de me assentar em uma nuvem ou contemplar as paisagens do céu. Eu quero que a batalha chegue ao fim. A promessa das Escrituras é que a batalha chegará ao fim logo, e que a vitória já foi conquistada. Um dia seremos libertos deste corpo mortal, transformados à semelhança do corpo glorioso de Cristo. Não haverá mais pecado. Até esse dia, nós batalhamos, e nos oferecemos a Deus como seus instrumentos para seus justos propósitos.

O FRUTO DO ESPÍRITO

Mas o fruto do Espírito é amor, alegria, paz, paciência, amabilidade, bondade, fidelidade, mansidão, domínio próprio. Contra essas coisas não há lei.

GÁLATAS 5:22,23

Quando o Espírito de Deus está em pleno controle de sua vida, é assim que você será. As nove atitudes estão interligadas. Elas vêm em um pacote como aquilo que o fruto do Espírito produz. As atitudes não são os dons do Espírito; não é como se cada um de vocês recebesse uma ou mais dessas atitudes com base em seu temperamento. Se você está sob o controle do Espírito Santo, vivendo em obediência à Palavra de Deus, então todas essas nove atitudes serão produzidas em sua vida. Esse caráter santo é a prova de que o Espírito Santo — e não sua antiga natureza caída — está no controle. Não existe isso de pacote parcial do fruto do Espírito. Não é como os clubes por correspondência de "fruta do mês" em que você pode encomendar as toranjas, mas pular as laranjas; aceitar as peras, mas dispensar as maçãs. Você recebe todas as nove características em um só pacote. Jamais seria verdade que uma pessoa que caminha no Espírito, que está sob o controle do Senhor, tem amor, mas não tem alegria; tem paz, mas não tem paciência; tem benignidade, mas não tem fidelidade. Se estamos sendo preenchidos com o Espírito — que é outra forma de dizer que estamos sob o controle do Espírito —, essa imagem composta do caráter cristão será manifestada em nossa vida. É o caráter de Jesus Cristo sendo recriado em nossa vida por meio da obra do Espírito Santo à medida que vamos sendo santificados e vamos crescendo em semelhança a ele.

Haverá amor — *agape* no grego, o amor da vontade. Não é o amor da emoção, da atração física ou da ligação familiar. É o amor que escolhemos demonstrar em autossacrifício, a mais nobre forma de amor. Haverá alegria — uma satisfação profunda de quem sabe que tudo está bem. Haverá paz — uma calma interior que vem de saber que Deus está no controle de tudo. Haverá longanimidade — a paciência que nos capacita a suportar as dificuldades. Haverá benignidade — a preocupação carinhosa com os outros. Haverá bondade — a excelência moral e espiritual. Haverá fidelidade — lealdade e confiabilidade. Haverá mansidão — o real significado da palavra é humildade. Por fim, haverá domínio próprio — a capacidade de refrear as paixões e os apetites.

Onde quer que o Espírito de Deus esteja no controle, todas essas características serão manifestas. Então Paulo acrescenta a interessante nota: "Contra essas coisas não há lei". Paulo está escrevendo aos Gálatas sobre a diferença entre a vida sob a lei e a vida no Espírito. A moral do que ele está dizendo é que, se você vive no Espírito, você não precisa de uma lei exterior. Uma lei exterior jamais pode forçar alguém a ter esse tipo de caráter. A lei não pode produzir esses traços. Eles fluem do íntimo pelo ministério do Espírito Santo. É um milagre incrível o fato de o Espírito poder gerar essas atitudes em nossa vida, um milagre que deveria nos encher de gratidão. Isso deveria nos tornar ávidos por nos entregarmos ao Espírito, caminhando em obediência à sua Palavra revelada, para que possamos ver esse tipo de caráter manifesto em nós.

SEJA ISTO QUE OCUPE O PENSAMENTO DE VOCÊS

> Finalmente, irmãos, tudo o que for verdadeiro, tudo o que for nobre, tudo o que for correto, tudo o que for puro, tudo o que for amável, tudo o que for de boa fama, se houver algo de excelente ou digno de louvor, pensem nessas coisas.
>
> **FILIPENSES 4:8**

Agora complicou para o jornal de hoje. Parece que não podemos ler esse tipo de coisa. A televisão também está em maus lençóis. Se levássemos a sério o mandamento de meditar apenas no que é verdadeiro, justo, puro, amável, de boa fama, virtuoso e louvável, isso limitaria severamente nosso repertório de coisas que lemos e assistimos, não limitaria? Em certa medida, todos nós somos o produto daquilo que deixamos entrar em nossa vida. Você conhece a antiga máxima computacional: lixo entra, lixo sai.

Jesus uma vez disse algo profundo cuja moral parece ser o contrário disso. Ele disse que não é o que entra na boca do homem que o torna impuro; é o que sai da boca dele que o torna impuro (Marcos 7:15-23). O verdadeiro problema não é o fato de que o mundo interior ameaça nos contaminar. O verdadeiro problema é aquilo que está no fundo da nossa alma. É a nossa natureza caída, a carne. O pecado não vem de fora para dentro; ele vem de dentro para fora. Isso é algo que o apóstolo Paulo afirmou vez após vez.

Mas aqui Paulo está nos dizendo haver ainda toda sorte de coisas fora de nós que podem despertar a natureza pecaminosa dentro de nós. Se você quer viver uma vida que honra a Deus, não pode continuar permitindo que entrem na sua vida coisas que provavelmente o atrairão na direção da desobediência. Você tem que tomar a decisão de se concentrar naquilo que é bom e não naquilo que é mau. Você tem que escolher preencher a mente e o coração com coisas que Deus louvaria e não com coisas que você se envergonharia se fossem reveladas.

É esse o foco que você deve ter. Concentre-se no que é verdadeiro, não no que é falso. A verdade abrange toda a revelação de Deus, conhecida mais claramente em Cristo e nas Escrituras. Concentre-se no que é nobre, no que é digno de seu respeito. Não desperdice sua atenção com pessoas ou mídias que você jamais seria capaz de respeitar. Concentre-se no que é justo — no que é correto pelos padrões de Deus. Concentre-se em coisas moralmente puras e coisas que são amáveis e agradáveis. Muitas coisas que nos são oferecidas para nosso entretenimento — tanto em nossa época como na de Paulo — realçam a imoralidade e a feiura; não fique pensando nessas coisas. Concentre-se em coisas que tenham boa reputação, que sejam virtuosas e dignas de louvor. Medite nessas coisas, e você estará cooperando com o Espírito Santo, que está atuando em você para gerar esses traços de caráter em sua vida.

SEU CORPO É UM TEMPLO

Acaso não sabem que o corpo de vocês é santuário do Espírito Santo que habita em vocês, que lhes foi dado por Deus, e que vocês não são de si mesmos? Vocês foram comprados por alto preço. Portanto, glorifiquem a Deus com o corpo de vocês.

1CORÍNTIOS 6:19,20

Frequentemente agimos com base na presunção de que somos donos de nosso corpo. Mesmo quando não temos muitas posses neste mundo, pelo menos temos nosso corpo. Presumimos ter o direito de controlá-lo, mas a Bíblia nos diz algo muito diferente. Nós não pertencemos a nós mesmos. Nós fomos comprados e o preço pago por nós foi muito alto. O preço, como vimos no capítulo 4, foi o "precioso sangue de Cristo, como de um cordeiro sem mancha e sem defeito" (1Pedro 1:19). Seu corpo, leitor, é como um prédio que foi comprado e agora é habitado pelo novo dono. Outrora você era apenas uma casa velha, mas você passou por uma reforma profunda e agora é um templo no qual Deus vive. Seu corpo é o templo do Espírito Santo, e você, portanto, está obrigado a usar esse templo de uma forma que o honre.

Um amigo meu estava visitando Nova York com um colega e queria lhe mostrar a grande catedral de São Patrício, na Quinta Avenida. O fato é que o colega era católico romano, e pediu para ver o santuário de seu santo patrono, São José. Os dois encontraram um nicho onde havia uma estátua de São José, mas havia um letreiro dependurado no pescoço da imagem que dizia: "Não adore aqui. O santuário não está em bom estado". O santuário não está em bom estado? Meu amigo pediu desculpa ao colega, mas disse a si mesmo: "Eu me pergunto se não há muitos dias em que o letreiro deveria estar pendurado em meu pescoço: 'Não espere ver Cristo aqui. O santuário não está em bom estado'".

Seu corpo é um santuário. Ele é o templo do Espírito Santo porque o Espírito Santo vive ali. Às vezes temo que ele esteja obscurecido. Às vezes seu fruto não é visível em minha vida. Às vezes meu corpo está cheio de coisas que não são verdadeiras, puras e dignas de louvor. Certifique-se de que seu santuário esteja em bom estado, para que as pessoas possam ver sua vida e glorificar ao Pai no céu. Glorifique a Deus em seu corpo e em seu espírito, que pertencem a ele.

INCULPÁVEIS NO DIA DE CRISTO

[P]ara que venham a tornar-se puros e irrepreensíveis, filhos de Deus inculpáveis no meio de uma geração corrompida e depravada, na qual vocês brilham como estrelas no universo, retendo firmemente a palavra da vida. Assim, no dia de Cristo eu me orgulharei de não ter corrido nem me esforçado inutilmente.

FILIPENSES 2:15,16

A motivação de Paulo ao exortar os cristãos é sua vontade de se regozijar no dia de Cristo. O dia de Cristo é o dia quando todos nós chegamos ao céu e o vemos face a face. O que faria dele um dia de regozijo para Paulo? Ele não está pensando aqui sobre sua alegria em ver a Cristo. Ele diz que uma fonte de alegria nesse dia será ver os cristãos a quem ele havia ministrado de pé na presença de Cristo, vê-los recompensados porque haviam vivido de modo inculpável, irrepreensível e brilhando como luzeiros em um mundo iníquo.

Mais adiante na carta (4:1), Paulo se refere aos cristãos filipenses como sua alegria e sua coroa. Em 1 Tessalonicenses 2:19 ele diz que seu regozijo e sua coroa de regozijo será ver os cristãos, a quem ele serviu, de pé, na presença de nosso Senhor Jesus Cristo quando se der a sua vinda. Que maravilhosa perspectiva sobre o ministério. É uma perspectiva eterna, que vislumbra o dia futuro da prestação de contas, e que não se resume a querer ser achado inculpável, mas também a querer ver aqueles a quem ele ensinou sendo julgados inculpáveis.

Paulo não disse: "Quero ter uma igreja grande. Quero ter sucesso no ministério para que as pessoas vejam que sou eficaz". Ele não se importava com sua reputação. Ele tinha uma perspectiva celeste. Ele disse: "Quando entrar na presença do Senhor, quero saber que meu trabalho teve consequências eternas". Foi por isso que ele escreveu suas cartas, pregou o evangelho, exortou as igrejas. Ele queria ver vidas transformadas, vidas que seriam agradáveis a Cristo nesse dia.

Ele queria que esses filhos de Deus vivessem de modo inculpável e irrepreensível — o que significa uma vida inocente, não misturada com pecado. Ele queria que vivessem livres da censura de Deus em meio a uma geração corrompida. A palavra grega para "corrompida" é a mesma da qual se deriva a palavra "escoliose"; ela significa entortado ou pervertido. Se a geração de Paulo era entortada, a nossa sem dúvida também é. Ele queria que os cristãos brilhassem como luzeiros em um mundo tenebroso. Isso se faz estendendo ao mundo a Palavra da vida, proclamando o evangelho contido na Palavra. Ele queria que seu povo vivesse assim para que pudessem tomar parte em uma recompensa eterna dada por Cristo.

Você não quer ouvir o Senhor dizer: "Muito bem, servo bom e fiel"? Eu quero. Preciso manter uma perspectiva celeste como Paulo. Quero viver minha vida buscando não a aprovação dos homens, mas a aprovação do próprio Senhor. Quero ministrar às pessoas não para desfrutar do respeito delas, mas para poder me alegrar com a recompensa delas na presença de Cristo. Hoje em dia é tão raro alguém viver à luz do dia de Cristo. Acabamos nos ocupando de agradar as pessoas e tornar esta vida mais confortável. Essas coisas têm tão pouca importância sob uma perspectiva eterna. Precisamos perder nossa vida enquanto ansiamos pelo dia em que veremos Jesus Cristo e nos alegraremos com o fruto de uma vida vivida como luzeiro no mundo, proclamando fielmente a Palavra da vida.

A ESPERANÇA DE SUA MANIFESTAÇÃO

Ela nos ensina a renunciar à impiedade e às paixões mundanas e a viver de maneira sensata, justa e piedosa nesta era presente, enquanto aguardamos a bendita esperança: a gloriosa manifestação de nosso grande Deus e Salvador, Jesus Cristo.

TITO 2:12,13

A Bíblia nos chama a viver à luz do retorno de Jesus Cristo. A maioria dos cristãos entende que Jesus está retornando. Essa verdade perpassa todo o Novo Testamento. Em anos recentes temos nos preocupado com uma abordagem ficcional à Segunda Vinda, lendo a série Deixados para trás e outros romances sobre como talvez seja o futuro quando Cristo retornar. Mas é muito importante irmos além do ficcional e começarmos a viver na realidade da vinda de

Jesus Cristo. Não é apenas um tema para a curiosidade. É um evento que confere direção e propósito à nossa vida. Deveríamos viver na expectativa desse maravilhoso evento. Deveríamos "ama[r] a sua vinda", como Paulo diz a Timóteo (2Timóteo 4:8). Deveríamos ser capazes de exclamar com João no fim de Apocalipse: "Vem, Senhor Jesus!" (Apocalipse 22:20). Talvez você se pergunte: "Por que eu ansiaria por esse dia? Por que isso seria uma bendita esperança para mim? A vida é maravilhosa aqui. Temos amor, família e filhos e todas as maravilhas do mundo. Por que ansiaríamos pelo fim da vida como a conhecemos? Por que desejaríamos viver todo dia pensando no Último Dia, em que Cristo aparecerá?"

Permita-me lhe apresentar duas grandes razões. Primeiro, este mundo na melhor das hipóteses fica muito, muito aquém do céu que nos aguarda. Espero que você nunca perca isso de vista. Apesar de toda a alegria de que desfrutamos neste mundo como cristãos, o mundo continua a ser um lugar de trevas e sofrimento, e nós vivemos, como vimos, em meio a uma geração pervertida e corrupta. Espero que você nunca fique tão apegado a este mundo que o céu não lhe interesse mais. O que Deus preparou para nós está infinitamente além do melhor que esta vida pode nos oferecer. "Olho nenhum viu, ouvido nenhum ouviu, mente nenhuma imaginou o que Deus preparou para aqueles que o amam" (1Coríntios 2:9).

Mas não se trata apenas de você. E Jesus Cristo? Quanto tempo ele tem de suportar a hostilidade e o ódio deste mundo? Quanto tempo ele tem de aguentar o menosprezo daqueles que se julgam sábios e o constante blasfemar de seu nome? Quando penso na vinda de Cristo, faço-me a pergunta dos mártires em Apocalipse 6:10: "Até quando, ó Soberano santo, [...] esperarás para julgar"? Até quando você suportará essas indignidades? Até quando permitirá que Satanás faça a festa no planeta, obstruindo sua obra? Até quando seu Espírito Santo será entristecido e extinguido? Até quando sua igreja será perseguida? Anseio que Cristo volte e endireite as coisas. Anseio vê-lo receber a glória, honra e louvor que lhe são negados neste mundo. Eu me alegrarei ao ver Jesus aparecer em glória como nosso grande Deus e Salvador.

Quando Henry Martyn foi pela primeira vez como missionário à Índia, ele adentrou um templo hindu e viu o povo local adorando deuses falsos. Ele escreveu em seu diário: "Saí correndo do templo em lágrimas. Não consigo suportar esta existência se Jesus tiver que ser tão desonrado". Você se incomoda minimamente com o fato de Jesus ser tão desonrado em nosso mundo? Martyn disse que não conseguia suportar viver em um mundo onde Cristo era tão menosprezado. Eu também não aguento mais todas essas desonras a Cristo. Isso me faz ansiar pela sua gloriosa aparição, não só por mim, mas também por ele.

8

O QUE SIGNIFICA SEGUIR A JESUS

UM CRISTÃO É UMA PESSOA CAPAZ DE "confessar Jesus como Senhor" (Romanos 10:9). Ser cristão significa aceitar a autoridade de Jesus como Senhor e Mestre. A salvação que Jesus oferece é de fato um presente grátis—não uma coisa que possamos conquistar sendo bons —, mas o presente é o direito de se tornar um seguidor de Jesus que está sendo transformado. O presente não é o direito de continuar do jeito que você é.

Jesus não procurou pessoas que acreditassem com o intelecto que ele era o Filho de Deus e então continuassem fazendo tudo do jeito delas. Ele procurou pessoas que acreditariam nele — que confiariam nele completamente com a própria vida e se submeteriam à autoridade dele.

Não faz sentido dizer que Jesus é Senhor e então se recusar a obedecê-lo. Ele disse: "Por que vocês me chamam 'Senhor, Senhor!', e não fazem o que eu digo?" (Lucas 6:46). A verdadeira fé em Jesus inclui a obediência. Veremos neste capítulo que tornar-se um discípulo de Jesus significa renunciar à sua própria vida e oferecer-se a Deus completamente. Significa ser transformado pela Palavra de Deus para que você faça a vontade de Deus e não tenha que se envergonhar diante dele. Significa abandonar os valores deste mundo e viver segundo os valores de Jesus de humildade e amor.

NEGANDO A SI MESMO

Jesus dizia a todos: "Se alguém quiser acompanhar-me, negue-se a si mesmo, tome diariamente a sua cruz e siga-me. Pois quem quiser salvar a sua vida a perderá; mas quem perder a vida por minha causa, este a salvará.

LUCAS 9:23,24

Jesus atraía grandes multidões, que incluíam todo tipo de pessoa. No centro estavam os doze, os escolhidos que haviam deixado tudo para segui-lo, e que mais tarde viriam a ser conhecidos como os apóstolos. Mas havia muitos outros discípulos. A palavra "discípulo" significa aprendiz ou estudante, e havia pessoas na multidão nos mais variados estágios de aprendizado aos pés de Jesus. Havia também os meramente curiosos e os que só estavam atrás de fortes emoções, para quem Jesus era como um circo passando pela cidade. Eles só queriam ver milagres. Também incluídos na multidão estavam os fariseus e outros líderes religiosos que só estavam ali para tentar flagrar Jesus dizendo alguma coisa incorreta para poderem se livrar dele.

Lucas nos diz que Jesus falou a todos eles. Dentre aquela multidão mista ele estava buscando aqueles que realmente se comprometeriam com ele. Como fazem os pregadores hoje, Jesus fez um convite à multidão, ainda que ele talvez não soe como os convites que você já ouviu. Ele disse: "Se alguém quer vir após mim, negue-se a si mesmo, dia a dia tome a sua cruz e siga-me". Se você quer ser um verdadeiro discípulo, você terá que pagar o preço supremo de me seguir. Para ganhar a vida, você precisa perdê-la. Se não está disposto a fazer isso, você a perderá no fim, no juízo eterno.

Vivemos em uma época em que o evangelho foi tão facilitado que temo não se tratar mais do evangelho. Muitas vezes o convite que fazemos não é um verdadeiro convite para seguir a Jesus. É o que chamo de "fé fácil". Você muitas vezes ouve um convite para aceitar a Cristo, dando-se a entender que basta acreditar intelectualmente, dizer algumas poucas palavras ou percorrer o corredor até o púlpito, sem precisar mudar coisa alguma em sua vida. Raramente ouvimos a clara afirmação de que para receber a Cristo você precisa negar a si mesmo e renunciar a qualquer reivindicação de posse sobre sua própria vida.

Mas é isso que Jesus diz: você precisa negar a si mesmo. Tornar-se cristão é o fim do seu eu que você conhecia até hoje. É o fim de suas esperanças, seus sonhos e seus objetivos. É uma decisão de executar a si mesmo — não pelo suicídio, mas dando as costas a seu antigo eu e encontrando uma nova identidade em Cristo.

Jesus chegou a dizer que para segui-lo você precisa odiar sua própria vida (Lucas 14:26). Quando Martinho Lutero deu início à Reforma Protestante em 1517, afixando suas noventa e cinco teses à porta da igreja em Wittenberg, Alemanha, a quarta tese dizia que se você quer seguir a Cristo você precisa odiar a si mesmo. Isso nos soa muito estranho hoje. A maioria das apresentações do evangelho hoje fala de realização pessoal e não de negar a si mesmo. Mas Jesus deixa muito claro o que ele está procurando. Negar uma pessoa significa se recusar a se associar com ela, como Pedro depois negou a Jesus e negou ter se associado com ele. Quando você vem a Cristo, você vem porque se nega a se associar a seu antigo eu. Você não aguenta mais seu eu e, em desespero, decide abrir mão dessa vida vazia.

O compromisso com Cristo envolve carregar sua cruz diariamente. O que isso significa? Não significa carregar os fardos pesados da vida. A cruz significava uma coisa apenas na época de Jesus. Significava uma morte dolorida e vergonhosa. Jesus estava dizendo: "Se você quer me seguir, você já era — não só seus sonhos e esperanças, mas talvez sua vida física também. Mas mesmo que você literalmente perca a vida por minha causa, valerá a pena, porque você ganhará sua vida para sempre, eternamente".

É esse o convite a que você respondeu quando se tornou cristão? É essa a maneira como você está seguindo a Jesus?

NÃO AMANDO O MUNDO

Não amem o mundo nem o que nele há. Se alguém amar o mundo, o amor do Pai não está nele. Pois tudo o que há no mundo — a cobiça da carne, a cobiça dos olhos e a ostentação dos bens — não provém do Pai, mas do mundo. O mundo e a sua cobiça passam, mas aquele que faz a vontade de Deus permanece para sempre.

1JOÃO 2:15-17

O mandamento básico aqui é "não amem o mundo". O que João quer dizer com "o mundo"? Ele claramente não se refere às pessoas do mundo, já que João 3:16 diz: "Deus amou o mundo de tal maneira". Ele se refere ao planeta terra? É claro que não. Deus criou este planeta com toda a sua beleza e riquezas, e "tudo nos provê ricamente, para a nossa satisfação" (1Timóteo 6:17). Ele se refere às coisas belas neste mundo, aos benefícios, ao conforto? Não, ele não está proibindo nosso desfrute dessas coisas.

"O mundo" aqui significa o sistema mundial maligno em que vivemos. "O mundo" inclui tudo aquilo que se opõe a Deus e ao seu reino. É o sistema espiritual invisível dominado por Satanás, o "príncipe" deste mundo (João 12:31). É o mundo que odeia Jesus (João 7:7) e odeia seus seguidores (João 15:19). Os cristãos "não são do mundo"

(João 17:16). Se amamos esse antigo mundo maligno, "o amor do Pai" não está em nós. Como é "o mundo"? Ele se caracteriza por três coisas: "os desejos da carne, os desejos dos olhos e a soberba da vida". O mundo é esse sistema maligno que bajula nossas paixões, bajula nossa visão e bajula nosso orgulho. O mundo se aproveita de nossa atitude ensimesmada. O mundo deseja que nos concentremos naquilo que desejamos. Nós queremos saciar nossas paixões carnais. Queremos aquilo que conseguimos ver, aquilo que conseguimos possuir em benefício próprio. Queremos que as pessoas pensem que somos importantes e melhores que elas. O mundo é isso aí.

Mas não é isso que o Pai ama e, portanto, como cristãos, não devemos amar isso. Somos tentados por isso. Às vezes caímos nos pecados da imoralidade e do orgulho, mas quando o fazemos, nós o odiamos. Às vezes nos sentimos como o apóstolo Paulo em Romanos 7:15: "Não entendo o que faço. Pois não faço o que desejo, mas o que odeio".

Nós de fato caímos nessas coisas, mas nós não as amamos. Elas fazem parte do antigo mundo maligno que "passa", enquanto nós fazemos parte do novo mundo que Deus está transformando. Não estamos sob o poder do Maligno, mas sob a autoridade do Pai.

Somos aqueles que são motivados e caracterizados por fazer a vontade de Deus. Portanto, nós permaneceremos para sempre — nós viveremos eternamente. Não é porque fazemos a vontade de Deus que viveremos eternamente, mas porque pertencemos a ele e recebemos a vida eterna que se manifesta em nossa obediência a ele.

SENDO TRANSFORMADOS

Portanto, irmãos, rogo-lhes pelas misericórdias de Deus que se ofereçam em sacrifício vivo, santo e agradável a Deus; este é o culto racional de vocês. Não se amoldem ao padrão deste mundo, mas transformem-se pela renovação da sua mente, para que sejam capazes de experimentar e comprovar a boa, agradável e perfeita vontade de Deus.

ROMANOS 12:1,2

Será proveitoso para entender esses versículos começar pelo fim e ir fazer o percurso inverso. O objetivo desses mandamentos é que você possa "experimentar qual é a boa, agradável e perfeita vontade de Deus". Em outras palavras, o sentido é viver uma vida que seja agradável a Deus, que esteja no centro da vontade dele.

Como se faz isso? Sendo transformado "pela renovação da mente". Esse princípio perpassa todas as Escrituras. A transformação ocorre quando o Espírito Santo muda nossa forma de pensar enquanto meditamos na Palavra de Deus. À medida que a Palavra cria raiz em seu coração, ela começa a moldar seus pensamentos, e sua mente é renovada. Tenho a felicidade de poder passar tanto tempo na Palavra de Deus em meu chamado como professor e pastor. Minha mente é renovada toda semana de minha vida, e isso me é frutífero no pensamento bíblico. É uma experiência transformadora deixar a Palavra de Cristo habitar em mim ricamente (Colossenses 3:16). Se você quer viver uma vida que está no centro da vontade Deus, uma vida que é aceitável a ele, você precisa permitir que sua mente seja continuamente renovada pelo poder transformador da verdade bíblica.

Isso envolve não permitir que sejamos conformados a este mundo. Aqui "o mundo" não é a mesma palavra que vimos em 1João. Aqui o sentido é literalmente "a época", o éon. O termo se refere ao espírito desta época. Não se permita ser pressionado a pensar e agir da forma como esta presente época o faz. Não deixe a cultura ditar seus pensamentos e seus valores. O primeiro século tinha suas formas pagãs e seculares de pensar e agir, assim como o século vinte e um as tem. Paulo diz que como cristãos não devemos permitir que os pensamentos e o proceder do mundo moldem os nossos.

O segredo para tudo isso é apresentar nosso corpo a Deus — não só nosso corpo físico, mas todo o nosso ser. Devemos oferecer a nós mesmos como sacrifício vivo, abrindo mão de nossa vida. Como vimos, é isso que Jesus exige quando nos diz para negarmos a nós mesmos e carregarmos nossa cruz. Abrimos mão da reivindicação sobre nosso próprio corpo e vida. Nós morremos para poder viver.

Estamos acostumados a pensar nos sacrifícios do Antigo Testamento como mortos. Animais eram mortos antes de serem colocados sobre o altar e queimados.

Os sacrifícios tinham de ser santos e aceitáveis a Deus e eram um ato de adoração. Paulo diz que você deveria ver a si mesmo como esse tipo de sacrifício. Suba no altar e ofereça-se a Deus. É comum dizer que o problema dos sacrifícios vivos é eles insistirem em rastejar para fora do altar. Você precisa decidir ser um sacrifício vivo que decide permanecer no altar, não simplesmente se matando de uma vez por todas, mas todo dia escolhendo não viver para si mesmo, mas para Deus. Isso, Paulo diz, é o "culto racional de vocês".

Você quer figurar no testamento de Deus? Permita que sua mente seja transformada ao ser renovada pela verdade da Palavra de Deus. Evite ser conformado a este mundo. Suba no altar e sacrifique-se como oferta a Deus. Imploro que faça isso. Com base em quê? Com base em todas "as misericórdias de Deus" que são suas em Cristo. Ele foi tão bom com você. É apenas racional oferecer a própria vida a ele em retribuição.

AMANDO UNS AOS OUTROS

Um novo mandamento lhes dou: Amem-se uns aos outros. Como eu os amei, vocês devem amar-se uns aos outros. Com isso todos saberão que vocês são meus discípulos, se vocês se amarem uns aos outros.

JOÃO 13:34,35

Jesus diz que o sinal do verdadeiro cristianismo é o amor que caracteriza a comunhão entre os cristãos. O mandamento para amar não era nenhuma novidade. O próprio Jesus apontou os dois maiores mandamentos do Antigo Testamento, o mandamento de amar a Deus (Deuteronômio 6:5) e o de amar ao próximo (Levítico 19:18). Mas o mandamento de Jesus para amar é novo em dois aspectos. Primeiro, o amor entre os discípulos é diferente do tipo de amor que demonstramos a todo o próximo que esteja passando por necessidades. Segundo, Jesus disse que devemos amar "assim como eu os amei". Ele nos está dando um novo modelo para esse tipo de amor.

Que modelo é esse? É o que Jesus fez imediatamente antes de dar o novo mandamento. Em João 13, os discípulos haviam se reunido para uma refeição de Páscoa no Quarto Superior. Jesus sabia que mais tarde naquela mesma noite ele seria traído e preso, mas João diz que "tendo amado os seus que estavam no mundo, amou-os até o fim" (João 13:1). Sabendo que aquele seria o último momento junto com eles antes da cruz, Jesus lhes mostrou como amar uns aos outros.

No mundo antigo, as pessoas ficavam com os pés sujos porque calçavam sandálias e percorriam ruas poeirentas. Refeições formais como a da Páscoa duravam bastante tempo, e os participantes se reclinavam no chão ao redor de uma mesa baixa, de modo que os pés de cada um distavam pouco da cabeça de quem estivesse ao lado. Era uma cortesia comum que um servo lavasse os pés aos convidados. Tratava-se de tarefa servil, a ser realizada pelo mais inferior dos servos.

Os discípulos haviam se reunido com Jesus para a ceia, mas não havia ninguém ali para lhes lavar os pés. Eles vinham discutindo sobre qual deles era o maior, de forma que nenhum queria fazer coisa alguma que lhe diminuísse o prestígio. Nenhum deles se rebaixaria a ponto de lavar os pés dos outros. Mas foi o que Jesus fez. Ele se levantou, cingiu-se com uma toalha, tomou uma bacia e lavou os pés imundos de seus discípulos egoístas Eles ficaram atônitos e constrangidos. Pedro disse: "Não, Senhor, você não pode lavar meus pés", mas Jesus os lavou mesmo assim. Foi uma demonstração do amor humilde que se dispõe a fazer o que for necessário.

Foi um gesto maravilhoso, mas não chegou perto da demonstração de humildade quando aquele que era igual a Deus trilhou o caminho que conduzia à cruz para suportar a ira de Deus por nossos pecados. Paulo disse em Filipenses 2:6-8 que quando Cristo se humilhou para se tornar um de nós, ele não desceu apenas metade do caminho, aparecendo a nós como um rei. Não, quando Cristo desceu da glória celeste, ele desceu até o fim. Ele abriu mão de toda reputação. Ele se humilhou e se tornou um servo. Ele foi até o fundo, até o ponto mais baixo da experiência humana: uma morte vergonhosa em uma cruz.

Foi assim que Jesus nos amou. Portanto, quando ele disse que seu novo mandamento é que amemos uns aos outros da forma como ele nos amou, foi isso que ele quis dizer. Seu modelo de amor é nos humilharmos para desempenhar a mais servil das tarefas, e assim atender à necessidade do próximo. Indo além, o modelo de amor é nos sacrificarmos uns pelos outros, darmos nossa vida uns pelos outros. Se você viver assim, diz Jesus, o mundo saberá que você é meu seguidor.

MANEJANDO BEM A PALAVRA

Procure apresentar-se a Deus aprovado, como obreiro que não tem do que se envergonhar, que maneja corretamente a palavra da verdade.

2 TIMÓTEO 2:15

Você quer ser "aprovado por Deus"? Você quer que Deus se agrade da sua vida? Tenho certeza que você quer agradar aquele que o ama, que deu seu Filho por você, que o abençoará nesta vida e um dia o acolherá em sua presença. Faz parte de ser cristão a vontade de agradar a Deus.

Mas como você se apresenta a Deus para ser aprovado? Você precisa ser um "obreiro que não tem de que se envergonhar". Você já se envergonhou de seu trabalho? Lembro-me de um projeto em uma marcenaria no meu primeiro ano do ensino médio. Tínhamos de fazer uma luminária, mas minha luminária ficou bem grosseira. A madeira não tinha sido muito bem cortada ou lixada. A luminária não funcionava direito. Se bem me lembro, o professor passou por mim e disse: "John, você deveria se envergonhar. Você consegue fazer melhor". Eu era um obreiro que precisava se envergonhar.

Sem dúvida você passou por momentos em que se envergonhou da qualidade do seu trabalho. Você mandou mal em um jogo decisivo. Você não leu a receita com atenção e era um jantar importante. Você não estudou para a prova. Você cortou a grama com tamanho desleixo que sobrou grama entre os sulcos e nas beiradas. As Escrituras estão nos dizendo que se queremos ser aprovados por Deus, precisamos ser obreiros que levam seu trabalho a sério e fazem o seu melhor, para que não precisemos nos envergonhar ao comparecer diante de Deus.

Qual é o segredo para ser um obreiro de Deus que não tem de que se envergonhar? O segredo é "maneja[r] bem a palavra da verdade". Se eu quero que Deus aprove meu trabalho, preciso manejar bem todas as Escrituras. O que significa "manejar bem"? Literalmente, significa cortá-las de forma reta, como um carpinteiro cortando a madeira com precisão para que as peças do móvel se encaixem umas nas outras, ou um pedreiro cortando uma pedra com precisão para que os tijolos da parede se ajustem uns aos outros de forma perfeita. Paulo trabalhava com couro. Ele tinha de cortar o couro em segmentos precisos que ele pudesse costurar para fazer uma tenda. "Manejar corretamente" se referia a precisão e exatidão. Ele está dizendo a Timóteo que ele deve manejar a Palavra de Deus com precisão e exatidão, para interpretá-la e aplicá-la corretamente.

Se você quer viver uma vida que mereça a aprovação de Deus e não a vergonha, você precisa manejar a Palavra de Deus corretamente. Interprete-a à luz do amor e retidão de Deus revelados na cruz. Não abrande suas exigências ou suas promessas. Permita que ela transforme seu coração, para que sua mente seja renovada. Então você saberá o que é viver no centro da vontade de Deus.

9

TRAZENDO LUZ AO MUNDO

SER DISCÍPULO DE JESUS CRISTO nunca pode ser reduzido meramente a produzir um caráter cristão em nós mesmos ou a amar uns aos outros, por mais importantes que essas coisas sejam. Ser um discípulo de Jesus significa fazer outros discípulos, porque é isso que nosso Senhor nos ordenou a fazer. O propósito soberano de Deus neste mundo é criar um povo remido para adorá-lo e desfrutar dele eternamente, mas ele escolheu realizar esse propósito por meio de seres humanos. Ele nos fez guardiões do evangelho, depositando esse conhecimento precioso em vasos terrenos, no frágil recipiente de nossa vida.

Presumo que esteja lendo este livro porque você é cristão, e que você entende que compartilhar as boas-novas da vida eterna por meio da fé em Cristo é responsabilidade de todo cristão. Você pode saber isso e mesmo assim não falar a ninguém sobre Jesus. Você acha que não sabe o bastante para ser um evangelista? Você acha que precisa de mais preparo? Duvido que seja esse o seu problema. Na hipótese improvável de que você não sabia absolutamente nada sobre a Bíblia antes de começar a ler este livro, a esta altura você já sabe o bastante para explicar a alguém como se tornar um cristão. Você poderia usar os versículos sobre a cruz e a salvação nos capítulos 4 e 5 e conduzir alguém a Cristo.

O problema da maioria dos cristãos não é conhecimento, mas obediência. Não é que não saibamos o que precisamos fazer ou como fazê-lo. O que nos falta é a intenção de fazê-lo. Ainda não decidimos de uma vez por todas que os mandamentos de Jesus têm que vir antes das exigências deste mundo. Quando verdadeiramente negamos a nós mesmos e o seguimos, quando oferecemos nossa vida como sacrifício vivo, nossa mente e coração são transformados. Como discípulos de Jesus, nossa primeira prioridade será fazer outros discípulos para ele.

A RAZÃO DE A IGREJA ESTAR AQUI

Portanto, vão e façam discípulos de todas as nações, batizando-os em nome do Pai e do Filho e do Espírito Santo, ensinando-os a obedecer a tudo o que eu lhes ordenei. E eu estarei sempre com vocês, até o fim dos tempos.

MATEUS 28:19,20

Você às vezes se pergunta qual é nosso verdadeiro propósito no mundo? Sua confusão acaba aqui. Nosso propósito é fazer discípulos de todas as nações. O Jesus Cristo ressurreto deu esse mandamento a seus apóstolos imediatamente antes de ascender ao Pai, mas ele o dirigiu a todos nós. É por isso que os versículos são conhecidos como a Grande Comissão. Ela afirma a missão da igreja.

No original grego, só há um verbo aqui: "façam discípulos". É esse o imperativo. As outras palavras que parecem mandamentos na verdade são particípios que modificam o verbo principal. O que quero dizer é que o principal verbo na frase é "façam discípulos", o que você faz indo, batizando e ensinando (todos particípios).

Para fazer discípulos em outra nação, você precisa ir onde as pessoas não sabem de Cristo. Uma vez que você chegue ali e elas venham à fé em Cristo, você tem que batizá-las no nome do Pai, do Filho e do Espírito Santo. Isso equivale a dizer que você precisa trazê-las a um entendimento de Deus como Pai, Filho e Espírito Santo, o que é demonstrado no batismo. O batismo é importante não porque ele salva, mas porque é uma confissão pública da salvação. Então você os instrui a serem obedientes a seu Senhor, ensinando-os a obedecer a tudo o que Jesus ordenou. Você não está sozinho nessa empreitada. Jesus diz: "[E]u estarei sempre com vocês, até o fim dos tempos". Até que o prazo acabe totalmente para o evangelismo, eu estarei com vocês ajudando-os a fazer discípulos.

Como você responderia se eu lhe perguntasse qual é a razão de a igreja existir? Por que ainda estamos aqui na terra? O que deveríamos estar fazendo?

Alguns talvez digam que deveríamos estar vivendo uma vida santa. Isso é uma coisa boa, mas não é a principal razão por que estamos aqui. Se isso é tudo o que o Senhor quer, poderíamos simplesmente prosseguir para o céu, porque não podemos realmente viver uma vida perfeitamente santa aqui embaixo. Alguns talvez digam que somos salvos para que possamos estar em comunhão. Isso também é bom, e de fato temos comunhão com outros cristãos. Mas é uma comunhão muito imperfeita, como você já deve saber por experiência própria. Temos toda sorte de problemas na hora de tentar conviver uns com os outros como cristãos. Na verdade nós não praticamos a comunhão muito bem aqui embaixo. Alguns talvez digam que a real prioridade para nós é a adoração. Nós de fato trabalhamos na adoração da igreja, mas aqui também nós nem sempre acertamos. Às vezes nossa atenção vagueia e percebemos ser difícil nos concentrarmos em Deus. Às vezes nossas emoções são arrebatadas pela música, mas vão para um lugar que tem pouca conexão com Deus. Somos criaturas inconstantes, facilmente distraídas.

Tudo isso para dizer que nossa santidade é imperfeita, nossa comunhão é imperfeita e nossa adoração é imperfeita. Se essas fossem as principais prioridades da igreja, seria melhor já irmos para o céu. Quando chegarmos ao céu, seremos perfeitamente santos; nossa comunhão e adoração serão perfeitas. Só nos resta uma razão para permanecermos aqui na terra. Há uma coisa que podemos fazer aqui na terra que não podemos fazer no céu: fazer discípulos de todas as nações. A Grande Comissão é dada tanto a nós individualmente quanto à igreja como corpo.

Certifique-se de estar envolvido no cumprimento dessa comissão. Ninguém está isento desse jubiloso dever. Vá às pessoas que não conhecem a Cristo. Fale-lhes do Pai, do Filho e do Espírito Santo. Estimule-as a reconhecer a fé em Jesus Cristo e a demonstrá-la com o batismo. Feito isso, ensine-as a obedecer as coisas que Jesus nos ordenou a fazer. E faça isso tudo sabendo que o próprio Cristo está com você enquanto você realiza o propósito dele para sua vida. Ele estará com você até o fim.

> "MINHA PEQUENA LUZ, QUERO FAZER BRILHAR"
> Assim brilhe a luz de vocês diante dos homens, para que vejam as suas boas obras e glorifiquem ao Pai de vocês, que está nos céus.
>
> MATEUS 5:16

Esse talvez seja um dos primeiros versículos que você aprendeu na escola dominical. Sem dúvida você também cantou a música: Brilha luzinha, luzinha minha. Jesus disse que nós (seus discípulos) somos a luz do mundo. Não devemos esconder essa luz sob um alqueire ou dentro de uma igreja. Devemos deixá-la brilhar. Como as pessoas verão essa luz? Elas a verão em nossas boas obras.

O filósofo ateu alemão Nietzsche afirmou que se visse mais pessoas redimidas talvez ele fosse mais propenso a acreditar no Redentor delas. Os cristãos que não têm uma vida transformada têm uma lacuna de credibilidade. Se eu estou tentando lhe dizer o quanto meu médico é incrível, mas estou morrendo sob os cuidados dele, você talvez questione a capacidade dele. Se eu tento lhe dizer o quanto meu mecânico é incrível, mas meu carro está cuspindo fumaça escura pelo escapamento, você provavelmente relutará em confiar seu veículo a ele. O que adianta dizer o quanto nosso salvador é incrível se elas não conseguem enxergar que nós próprios fomos salvos do pecado? Deixe sua luz brilhar. O que Jesus quer dizer por luz? Jesus também afirma ser "a luz do mundo". João diz que Jesus é a vida que é "a luz dos homens", a luz que "resplandece nas trevas" (João 1:4,5). A luz em nós é a luz dele, o Cristo que faz morada em nós, o Espírito Santo dentro de nós. O apóstolo Paulo fala da "luz do evangelho da glória de Cristo" (2Coríntios 4:4). Temos essa luz brilhando em nossa vida se nossas ações refletirem a natureza de Cristo — seu amor, compaixão e perdão. Sua luz brilha por meio de nossas atitudes, palavras e atos. Quando as pessoas veem que nossa vida foi transformada de tal forma que agora temos os valores de Jesus, se elas veem o poder de Deus atuando em nós, elas concordarão que nós de fato temos um grande Salvador. Quando elas veem pessoas redimidas, elas são mais propensas a acreditar que temos um Redentor. A vida que segue o exemplo da vida de Cristo é a plataforma sobre a qual o testemunho individual se torna convincente.

A alternativa é o cristão viver no escuro. As Escrituras ensinam que "Deus é luz; nele não há treva alguma. Se afirmarmos que temos comunhão com ele, mas andamos nas trevas, mentimos e não praticamos a verdade" (1João 1:5,6). Se sua vida não emana luz nenhuma, ou você não tem nenhum relacionamento com Cristo ou você o está desonrando. É triste que alguém proclame Jesus Cristo como Senhor e Salvador e continue a viver uma vida abertamente pecaminosa. Isso traz má reputação a Cristo e ao evangelho. É uma pedra de tropeço para os não cristãos. Certamente não é uma forma eficaz de convencer qualquer pessoa de que Cristo tem o poder de transformar vidas. Nossa responsabilidade como discípulos e evangelistas é ter uma vida tão transformada pela Palavra e pela presença interior de Cristo que todos possam ver sua luz refletida em nossos atos de bondade.

O LOUVOR COMO FORMA DE EVANGELISMO

Coloquei toda minha esperança no SENHOR;
ele se inclinou para mim
    e ouviu o meu grito de socorro.
Ele me tirou de um poço de destruição,
    de um atoleiro de lama;
pôs os meus pés sobre uma rocha
    e firmou-me num local seguro.
Pôs um novo cântico na minha boca,
    um hino de louvor ao nosso Deus.
Muitos verão isso e temerão,
    e confiarão no SENHOR.

SALMOS 40:1-3

Ao recuperar uma ênfase na importância do louvor em anos recentes, reaprendemos o que o salmista sabia — que o louvor tem um impacto evangelístico. A adoração é o objetivo supremo do evangelismo. Nosso objetivo é ajudar mais e mais pessoas a desfrutar de Deus e glorificá-lo para sempre, a compartilhar a obra de Deus de reunir para si um povo de toda nação, tribo e língua, que o adorará no céu. Mas o louvor também é um meio de evangelismo. Não acredito que a pessoa perdida ou aquela que está meramente em busca de algo seja capaz de adorar e vir à presença de um Deus santo. Mas essa pessoa perdida pode nos ver e ouvir louvando a Deus e ser trazida à fé nele. O salmista diz que quando tenho uma nova canção de louvor em minha boca, muitos o verão e ficarão assombrados diante de nosso grande Deus, e virão a confiar nele. Um cristão cheio de louvor tem um impacto tremendo sobre uma alma perdida. Temos uma canção nova, a canção dos remidos, e ela faz nascer a esperança nos corações desalentados. O salmista diz: "Eu estava em um poço horrível. Eu estava preso em um charco de lodo. Eu estava sem esperança e sem amparo, mas o SENHOR ouviu meu clamor e me tirou dali. Ele pôs meus pés sobre a rocha; ele me deu um lugar sólido para eu ficar em pé". Eis uma imagem da salvação. Deus em sua graça digna-se em tirar o pecador do poço e o colocá-lo em um caminho novo e seguro. A resposta a esse incrível ato unilateral de misericórdia é um novo cântico — um cântico de louvor, um cântico de redenção.

Quanto mais entoamos o cântico, e quanto mais alto o entoamos, mais as pessoas o ouvirão. Aqueles que ainda estão no poço, atolados no charco lamacento, nos verão resgatados pelo amor de Deus e verão esperança para si mesmos. Esteja cheio de louvor todos os dias, porque Deus não só é digno de nosso louvor, mas também pode usar seu louvor para atrair as pessoas para Cristo. Seu cântico pode levá-las a abrir o coração ao Salvador, para que possam vê-lo realizar seu grande resgate também na vida delas.

10

NOSSO DESTINO ETERNO

O OBJETIVO DA VIDA CRISTÃ NÃO É uma vida santa ou uma vida útil. O objetivo é estarmos com Deus no céu, completamente transformados na semelhança de Cristo, desfrutando da presença de Deus em tempo integral, "perdidos em assombro, amor e louvor". É esse o nosso destino final e o destino de nossa peregrinação ao longo desta vida. Paulo diz: "A nossa cidadania, porém, está nos céus" (Filipenses 3:20). Somos como as pessoas de fé na Carta aos Hebreus que são "estrangeiros e peregrinos na terra" e buscam uma terra natal, um país celeste (Hebreus 11:13-16). Pedro inicia sua primeira carta referindo-se aos cristãos como estrangeiros ou peregrinos. Nós ainda não estamos em casa. Nós só estamos aqui de passagem.

É raro hoje em dia que os cristãos vivam à luz dessa esperança. Os hinos antigos mostram que havia uma época, não tanto tempo atrás, quando tanto a morte quanto o céu eram mais reais para nós. Na atual América de relativa prosperidade e conforto, com o progresso da medicina e a negação cultural da realidade da morte, nós pensamos menos no céu do que os cristãos de outros países e de outras épocas. Precisamos recuperar a perspectiva do céu como nosso verdadeiro lar. Precisamos lembrar, tanto nos bons tempos como nos maus, que este mundo não é tudo o que há. Precisamos lembrar, como Paulo diz, que "o que se vê é transitório, mas o que não se vê é eterno" (2Coríntios 4:18).

NOSSA ESPERANÇA E NOSSA HERANÇA

Bendito seja o Deus e Pai de nosso Senhor Jesus Cristo! Conforme a sua grande misericórdia, ele nos regenerou para uma esperança viva, por meio da ressurreição de Jesus Cristo dentre os mortos, para uma herança que jamais poderá perecer, macular-se ou perder o seu valor. Herança guardada nos céus para vocês.

1PEDRO 1:3,4

Há muita teologia contida nesses versículos, que começam dizendo: "Bendito seja o Deus". Que Deus? O único e verdadeiro Deus, o Deus e Pai de nosso Senhor Jesus Cristo. Ele é o mesmo Deus que é chamado o Deus de Abraão, Isaque e Jacó no Antigo Testamento. Ele é aquele chamado Todo-Poderoso, Senhor dos Exércitos, Criador dos céus e da terra. No Novo Testamento ele é o Pai de Jesus Cristo. Isso significa que ele compartilha a mesma vida eterna, a mesma natureza essencial de Cristo. Você não pode reconhecer o verdadeiro Deus a não ser que reconheça o Deus que é também o Pai de Jesus Cristo, que é um com ele. O Deus revelado no Senhor Jesus encarnado "nos regenerou para uma viva esperança".

Que esperança é essa? É a esperança da vida eterna, a esperança de que nós também seremos ressuscitados dentre os mortos para estar com Cristo no céu. Nós temos essa esperança porque sabemos que Deus ressuscitou Jesus dos mortos. Jesus disse: "Porque eu vivo, vocês também viverão" (João 14:19). Ele também disse: "Quem crê em mim, ainda que morra, viverá" (João 11:25). Vivemos esta vida em meio às bênçãos de Deus aqui e agora, mas com a constante esperança de que um dia partilharemos o júbilo da vida ressurreta com ele.

Temos um tesouro esperando por nós. Ele é nossa herança como filhos de Deus e coerdeiros com Cristo (Romanos 8:17). É uma "herança que não pode ser destruída", uma herança que nunca terá fim, que nunca decairá ou se poluirá. Ela nunca passará como as coisas do mundo. Ela está sendo preservada para nós, como disse Jesus, "onde a traça e a ferrugem não destroem, e onde ladrões não arrombam nem furtam" (Mateus 6:20). Nosso verdadeiro tesouro está no céu, não neste mundo, que está passando. A recompensa nos esperando no céu é a vida eterna, vida sem corrupção, vida sem profanação, glória que jamais há de passar.

Enquanto vivemos nossa vida cristã, não só desfrutamos daquilo que Deus fez por nós ao nos dar um novo nascimento, não só desfrutamos das copiosas bênçãos e misericórdias que ele derrama sobre nós, mas também desfrutamos da esperança da vida eterna. Nossa esperança está no dia em que receberemos a herança reservada para nós no céu.

SEREMOS COMO ELE

Amados, agora somos filhos de Deus, e ainda não se manifestou o que havemos de ser, mas sabemos que, quando ele se manifestar, seremos semelhantes a ele, pois o veremos como ele é. Todo aquele que nele tem esta esperança purifica-se a si mesmo, assim como ele é puro.

1JOÃO 3:2,3

"Somos filhos de Deus." Neste exato momento, se você acredita em Jesus Cristo e foi remido e justificado, você é um filho de Deus. Mas "ainda não se manifestou o que havemos de ser". Algum dia você será transformado, e o fato de que é filho de Deus ficará claro para todos, porque você será transformado na semelhança de Cristo. O mero ato de ver Cristo em toda a sua glória terá o poder de nos transformar.

No mundo presente, contudo, ainda não experimentamos o que Paulo denomina "a revelação dos filhos de Deus" (Romanos 8:19). Em certa medida nossa condição de filhos de Deus continua oculta ao mundo e a nós. É verdade que as pessoas podem ver a luz de Deus refletida em nós em algum grau pelas nossas boas obras, e a natureza de Cristo precisa ser vista no fruto do Espírito em nossa vida. Mesmo assim, não dá para olhar para uma pessoa passando por nós na rua e saber se ela é um filho de Deus ou não. Mas um dia isso tudo mudará.

Quando Cristo for revelado — na Segunda Vinda, quando será visto não como o humilde Servo Sofredor, mas como o Senhor de todas as coisas, vindo com poder e glória —, nós o veremos como realmente é. Até então, nós o vemos como num espelho, de forma obscura, mas então nós o veremos face a face (1Coríntios 13:12). O mundo inteiro o verá quando ele chegar como a poderosa e radiante figura que vemos no Livro de Apocalipse, montando um cavalo branco.

Chegará o dia em que o mundo inteiro descobrirá quem nós realmente somos. Nós mesmos então descobriremos quem realmente somos. Sua verdadeira vida, seu verdadeiro eu, agora está oculto com Cristo em Deus. "Quando Cristo, que é a sua vida, for manifestado, então vocês também serão manifestados com ele em glória" (Colossenses 3:4). Que ideia! Seremos como Cristo, porque o veremos como ele é.

Que diferença faz o fato de vivermos com essa esperança? "Todo o que tem essa esperança nele purifica-se a si mesmo, assim como ele [Cristo] é puro." Se você vive na expectativa da vinda de Cristo, sua forma de viver muda. Quando eu estava no ensino fundamental, eu era um sério problema disciplinar. Como a professora não me deixava fazer o que me desse na telha, toda vez que ela saía da sala eu aprontava. Uma vez eu estava pulando de carteira em carteira quando ouvi os tênis ortopédicos da professora atravessarem a porta. Fui flagrado em pleno salto. Tivesse previsto a vinda dela, eu teria alterado meu proceder a tempo.

Sabemos que Cristo pode vir a qualquer hora. Sabemos que ele é perfeitamente puro e santo. Quando ele vier, queremos que ele nos encontre vivendo de modo puro. Não queremos que ele nos flagre fazendo o que bem desejamos porque achamos que ele nunca voltaria. Jesus contou histórias sobre lavradores que achavam que o dono das terras nunca retornaria. Mas nosso Senhor está voltando e nos fará prestar contas a ele. As boas novas são que Cristo não virá só como Juiz, mas como Salvador. Ele não só revelará nossa impureza, mas em sua misericórdia também revelará nossa natureza eterna de filhos de Deus, e nos tornará puros "assim como ele é puro".

TRANSFORMADOS À SUA IMAGEM

> E todos nós, que com a face descoberta contemplamos a glória do Senhor, segundo a sua imagem estamos sendo transformados com glória cada vez maior, a qual vem do Senhor, que é o Espírito.
>
> 2CORÍNTIOS 3:18

Um dia veremos Cristo face a face e seremos transformados pela sua glória, mas esse versículo diz que mesmo nesta vida estamos sendo transformados ao contemplar sua glória. O versículo diz que, diferentemente de Moisés, dos profetas ou dos santos do Antigo Testamento, os cristãos são capazes de ver a glória de Deus "com o rosto descoberto", mais claramente do que as pessoas do passado podiam fazê-lo.

Moisés viu a glória de Deus, mas apenas parcialmente, vendo "as costas" de Deus. O povo de Israel viu a glória de Deus como um brilho à distância. Moisés teve de vestir um véu sobre o rosto para que as pessoas não vissem a glória de Deus diretamente e fossem feridas — e, Paulo sugere, para que não vissem que a glória em seu rosto estava se dissipando. Mas agora a glória de Deus foi revelada claramente na face de Jesus Cristo. João diz: "... cheio de graça e de verdade, e vimos a sua glória, glória como do unigênito do Pai" (João 1:14, ARA). Paulo diz alguns versículos depois de nossa passagem que Deus resplandeceu em nosso coração "para iluminação do conhecimento da glória de Deus, na face de Jesus Cristo" (2Coríntios 4:6, ACF).

Quando digo "glória", eu me refiro a todos os atributos de Deus. Eles nos são revelados no Antigo Testamento, mas são revelados da forma mais clara na pessoa viva de Jesus. A glória — a revelação da verdadeira natureza de Deus — brilha mais maravilhosamente em Cristo que em qualquer outro lugar. Aqui estamos nós, portanto, sem o véu, olhando diretamente para a glória de Deus e todos os seus atributos revelados em Cristo. Essa visão, esse conhecimento, está nos transformando na imagem dele, de glória em glória, à medida que o Espírito Santo atua em nossa vida. O versículo não está nos falando de uma futura glorificação mas da santificação presente. Se você fita a glória de Deus revelada na face de Jesus Cristo como apresentada no Novo Testamento, ela mudará você. É o Espírito que opera essa transformação à medida que Jesus Cristo vai se tornando a visão que nos consome e nós nos tornamos cada vez mais como ele.

UM LUGAR PREPARADO PARA NÓS

Na casa de meu Pai há muitos aposentos; se não fosse assim, eu lhes teria dito. Vou preparar-lhes lugar. E se eu for e lhes preparar lugar, voltarei e os levarei para mim, para que vocês estejam onde eu estiver.

JOÃO 14:2,3

Na última noite de Jesus com seus discípulos, antes de ele ir a cruz, ele lhes fez muitas promessas maravilhosas. Mas nenhuma foi mais maravilhosa que a promessa que dá início a seu discurso de despedida. Era a promessa de que ele os estava deixando com o propósito de preparar um lugar para eles no céu com seu Pai, e que ele haveria de voltar para levá-los para lá.

São palavras conhecidas e reconfortantes, mas a ideia de uma casa que contém muitas "moradas" ou "mansões" não faz muito sentido. O que Jesus quis dizer na linguagem original era: "Na casa de meu Pai há muitos quartos".

Quando criança, eu costumava pensar no céu como um lugar com uma grande quantidade de mansões. Eu ouvia os pregadores perguntarem: "Quão perto sua mansão estará do trono?". Eles falavam como se talvez a mansão ficasse à distância de uma pequena caminhada, ou talvez sua mansão acabasse ficando bem longe, nas fronteiras da cidade. Um pregador chegou a dizer que a mansão de cada um seria feita dos materiais que cada um despacha para o céu — sejam eles madeira, feno e palha ou ouro, prata e pedras preciosas. (Não foi isso que Paulo quis dizer em 1Coríntios 3:12!) Infelizmente essas imagens do céu como uma vizinhança de três casinhas de porquinhos de tijolo ou palha acabam ficando na nossa cabeça.

Não é isso que Jesus está dizendo. Só há uma casa — a do Pai —, e ela tem muitos quartos. Não estou morando a quinze quadras de distância ou em um bairro menos nobre que o da casa de Deus; estou vivendo nela, e você também está. Estaremos juntos com o Senhor e viveremos para sempre com seu povo como uma só família em uma só casa.

O que o Senhor Jesus está fazendo neste exato instante? Ele está no céu, preparando-se para acolher seus irmãos e irmãs, seus coerdeiros adotivos. Ele está esperando pelo dia em que virá para levar todos nós para a casa onde ficaremos com ele. É a isso que damos o nome de arrebatamento, quando Jesus vem e resgata seu povo remido deste mundo mau. Ele levará a igreja, todos os verdadeiros cristãos, ao céu, onde haverá uma enorme festa a que o Livro de Apocalipse dá o nome de "as bodas do Cordeiro". Nós habitaremos na casa do Senhor para sempre, desfrutando da casa do Pai pela eternidade, desfrutando de todas as coisas que Deus preparou para aqueles que o amam.

SEU TRABALHO NÃO É EM VÃO

Portanto, meus amados irmãos, mantenham-se firmes, e que nada os abale. Sejam sempre dedicados à obra do Senhor, pois vocês sabem que, no Senhor, o trabalho de vocês não será inútil.

1CORÍNTIOS 15:58

Neste país, nós trabalhamos por recompensas. Não há nada de impróprio em trabalhar para ser pago, e a Bíblia não vê nada de errado em prometer recompensas para aqueles que confiam em Deus e vivem para ele. São muito poucas as pessoas que querem trabalhar sem receber recompensa nenhuma. Foi por isso que as economias comunistas acabaram ruindo. Eu estava em um hospital em Kiev, na Ucrânia, logo depois de a União Soviética ter desmoronado. Encontrei-me com um cirurgião cardíaco e entrei em uma sala de cirurgia tragicamente mal equipada. Perguntei como era ser um cirurgião no comunismo. Ele respondeu: "Não temos muitos equipamentos e o salário não é grande coisa." Perguntei quanto era o salário. "Quinze dólares por mês." Era difícil acreditar. Ao sair do hospital vi uma mulher varrendo os degraus com uma vassoura que ela havia feito com galhos finos. Perguntei quanto era seu salário. A resposta foi a mesma: "Quinze dólares por mês". Todos recebiam a mesma recompensa. Era essa a ideia comunista da justiça. Ela não oferecia muito incentivo para que alguém se tornasse um cirurgião. O Senhor promete que nosso trabalho por ele não será em vão e não deixará de ser recompensado. Há recompensas que todos os cristãos compartilharão. O versículo vem no final de uma passagem sobre a ressurreição que partilharemos com Cristo, quando todos nós receberemos novo corpo espiritual e a morte será derrotada para sempre. Sabemos que todos nós compartilharemos a recompensa de estar na casa de nosso Pai no céu, e todos nós compareceremos ao redor de seu trono em louvor.

Mas cada um de nós terá de prestar contas por seu trabalho. Teremos de responder se a esperança da salvação nos deixou acomodados ou se ela nos fez "firmes, inabaláveis e sempre abundantes na obra do Senhor". Jesus nos diz que "E seu Pai, que vê o que é feito em segredo, o recompensará" (Mateus 6:4). Ele prometeu: "... o Filho do homem virá na glória de seu Pai, com os seus anjos, e então recompensará a cada um de acordo com o que tenha feito" (Mateus 16:27). Paulo escreveu que "cada um será recompensado de acordo com o seu próprio trabalho" (1Coríntios 3:8). No último capítulo da Bíblia, Cristo diz: "Eis que venho em breve! A minha recompensa está comigo, e eu retribuirei a cada um de acordo com o que fez" (Apocalipse 22:12).

A recompensa pode não ser prosperidade nesta vida ou reconhecimento público neste mundo, mas quando estivermos diante de Cristo tudo o que fizemos por ele importará.

Todo ato de misericórdia, todo sacrifício, todo testemunho dele contará. Nada disso terá sido em vão. Ele está guardando um registro de sua fidelidade, e em sua graça ele o recompensará no dia em que você o verá face a face.

ÍNDICE DE PASSAGENS BÍBLICAS

*Versículo ou passagem analisados pelo autor, começando na página citada.

ÊXODO
34:6......73
LEVÍTICO
19:18......112
DEUTERONÔMIO
6:5......112
JOSUÉ
*1:8......12
JÓ
42:5,6......33
SALMOS
*1:1,2......14
*19:7-9......17
19:14......14
22:3......89
*23......78
*24:3-5......88
*40:1-3......123
42:1......26
*63:1-3......26
103......76

*103:1-4......76
119......16
PROVÉRBIOS
*3:5,6......31
23:7......12
ISAÍAS
40:8......18
*53:4-6......48
JEREMIAS
*9:23,24......28
9:24......30
LAMENTAÇÕES
*3:22,23......74
MATEUS
3:17......86
*5:16......121
6:4......135
6:20......127
*11:28-30......66
12:34......12
16:27......135

17:5......86
23:4......67
*28:19,20......118
MARCOS
1:24......69
7:15-23......95
LUCAS
6:46......104
9:23......63
*9:23,24......104
14:26......106
18:18-27......64
JOÃO
1:4,5......122
1:18......?
2:25......23
*3:16,17......60
4:24......90
6:37......34, 61
6:40......34
7:7......107

11:25 127
12:31 107
13 112
13:1 112
*13:34,35 111
14:1 46
*14:2,3 132
14:19 127
15:2 24
15:19 107
*16:33 45
17:16 108
18:9 .... 34, 40
19:30 43
ROMANOS
3:20 65
*5:6-8 50
5:20 75
*6:12,13 90
7:15 108
7:18 36
7:19 36
7:24 36
8:17 127
8:19 128
8:23 91
*8:28 36
*8:38,39 80
*10:9,10 103
*12:1,2 109
13:11 70
1CORÍNTIOS
1:26-29 28
2:9 101
2:14 66
3:8 135
3:12 133
*6:19,20 96
9:27 91
*10:13 .... 38, 41

13:12 129
14:26 13
15:55 80
15:57 80
*15:58 134
2CORÍNTIOS
*3:18 130
4:4 66
4:6 131
4:18 126
5:17 90
*5:21 52
11:4 62
*12:9,10 83
GÁLATAS
1:8 62
*2:20 43
3:10 65
*5:22,23 92
EFÉSIOS
1:17 27
*2:8,9 65
2:12 66
4:13 19
FILIPENSES
*1:6 70
2:6-8 113
*2:15,16 98
3:10 27
3:20 125
4:1 98
*4:8 94
COLOSSENSES
*2:13,14 55
3:4 129
3:16 110
4:6 13
1TESSALONICENSES
2:19 98

5:11 13
1TIMÓTEO
*3:16 68
6:17 107
2TIMÓTEO
1:9 87
2:13 76
*2:15 114
*3:16,17 21
4:1 87
4:8 101
TITO
*2:12,13 100
HEBREUS
*4:12 23
4:15 54
11:13-16 125
TIAGO
*1:2-4 41
2:19 63
1PEDRO
*1:3,4 126
*1:18,19 56
1:19 97
*2:1,2 19
1JOÃO
1:5,6 122
*2:15-17 107
*3:2,3 128
4:4 39
4:8 74
*4:9,10 85
JUDAS
1 82
*24,25 33
APOCALIPSE
6:10 102
22:12 135
22:20 101

ÍNDICE DE ASSUNTOS

A
adoração 17, 24, 27, 113, 122, 125
alegria 16, 24, 34, 35, 42, 44, 88, 94, 100, 103
amor de Deus 27, 53, 76, 82, 87, 126
amor pelos outros 30
ansiosos 48
aplicação 14
arrependermo-nos 75
atitude ensimesmada 110

B
batismo 121, 123
bençãos de Deus 129
benignidade 95
boas obras 21, 67, 69, 123, 131
bondade 78, 80, 82, 94, 125

C
céu 62, 122, 125, 127, 129, 134
conduta 14, 17
confiabilidade 96
confiança 16, 26, 34, 46, 52
confissão 38, 65, 121
conforto 10, 23, 24, 44, 109, 128
conhecer a Deus 28
contentamento 14
correção 20, 21

crescer espiritualmente 19
crucificação de Cristo 49

D
discernimento 18
disciplina 10, 47, 93, 132
doutrina 17, 21, 37, 47, 54

E
eleição 46
encarnação de Cristo 71
engano 18
equipar 21
esperança 30, 68, 93, 102, 108, 125, 126, 128, 130, 137
Espírito Santo 46, 63, 71, 73, 84, 94, 98, 99, 104, 111, 120, 123, 124, 134
evangelismo 121, 125
expiação 50

F
fala 12, 13, 17, 53, 108, 124
fé 30, 33, 35, 42, 44, 47, 49, 61, 67, 69, 106, 119, 126, 127
fidelidade 76, 77, 80, 94, 138

G
graça de Deus ... 27, 67, 76, 86, 87
Grande Comissão 121, 122
gratidão 53, 96

H
hipocrisia 18, 23
humildade 96, 106, 115

I
inferno 30, 54, 62
inspiração das Escrituras 9, 22
inveja 18
ira 115

J
juízo de Deus 17, 31, 51,
52, 59, 76
justificação 73, 89

L
livre-arbítrio 37, 46
louvor 24, 27, 34, 90, 96,
100, 125, 126, 137

M
mal 20, 38, 82, 97, 117
mansidão 94
mansidão de Cristo 70
maturidade 19, 21, 44
meditação 13
medo 71, 83
morte 49, 52, 63, 70,
108, 115, 137

N
negar a si mesmo 65, 66, 107

O
obstinação 23
oração 26, 27, 44
orgulho 23, 110

P
paixões mundanas 102
pecado 21, 66, 72, 73, 77,
79, 87, 90, 92,
94, 97, 101, 115

perdão de Deus 77
perseverança 43
pleno controle 94
preocupação 95
providência de Deus 39
purificação 24

R
relevância 18
ressurreição 70, 137
retidão de Deus 118

S
sabedoria 17, 23, 28,
33, 46, 51, 81
salvação 9, 39, 61,
66, 68, 72, 89,
105, 120, 121,
126, 137
santidade 40, 73, 122
santificação 73, 89, 134
Segunda Vinda 102, 131
sofrimento 32, 39,
49, 87, 103

T
tarefa servil 114, 116
tentação 35, 39, 44, 71, 109
testar 66
transformação 11, 111, 134

V
verdade 9, 15, 17, 20, 22,
23, 31, 40, 47, 52,
54, 69, 88, 93, 98,
102, 113, 116, 122,
124, 131, 133
vida eterna 35, 62, 73,
111, 119, 129
vontade de Deus 16, 106,
109, 110

Este livro foi impresso pela Gráfica Terrapack, em 2024, para a Thomas Nelson Brasil. O papel do miolo é pólen bold 90 g/m², e o da capa é cartão 250 g/m².